平成の天皇皇后両陛下
大いに語る

保阪正康

文藝春秋

上皇后陛下の88歳のお誕生日を前に公表された上皇上皇后両陛下のお写真

宮内庁提供

平成の天皇皇后両陛下大いに語る　目次

両陛下に大本営地下壕をご案内いただく

「ここで終戦の会議が開かれたんですね」
陛下は笑顔で言い添えた

「この前、悠仁と散歩しました」／「タヌキが出て来て危ないんです」
「ここで終戦の時の会議が開かれたんですね」／「今はタヌキが住んでいるらしいですよ」
「岡部さんというのは骨のある方ですよ」／「あら、岡部さんをご存じなの」
「歴史はスカッとするためにあるわけではない」／御文庫に現れた青年将校の思い出
陛下は何も言わずに話をお聞きになっていた／「母は私の人生の目標でした」
「母は本当に立派な人でした」／三笠宮殿下が示した「菊のカーテン」／皇室内の厳しい空気
腑に落ちない表情で「そうですかあ」／「あら、私もキリスト教の大学なのよ」
「なぜマニラで市街戦をやったんですか」／陸軍と海軍の対立でマニラは戦場に
「牟田口の名前は知っています」／「その人は今どうしているんですか」
「光格天皇は字がお上手でしたよ」／陛下の友人のアイデアだった献花外交
「私は勉強したんですよ」／宮内庁から自宅に郵便が届いた
日常の所作に「人間天皇」が表れていた／雑談を欲しておられるのかもしれない
〔追記〕寒中の見送り／実録余話／ハゼはバカなのか

元侍従長連続対談1

渡邉允×保阪正康

パラオご訪問秘話

天皇皇后両陛下「玉砕の島」にかけた二十年の祈り

天皇陛下の強い意志で始まった南洋群島慰霊の旅。行動で示される「あの戦争」への想いとは

陛下からのご提案／なぜペリリューに行かれたのか
より切実になったあの戦争への想い／美智子さまが果たされる役割
追悼に終わりはあるのか／「原点」に立ち続ける両陛下

129

はじめに

近現代の天皇制を語るときに、平成の天皇はいくつかの特徴をもって語り継がれるであろう。私の見るところ主要な三点があり、これが軸になって語られていくように思う。この三点は言うなれば、平成の天皇による宮中改革であり、同時に天皇制の新しいあり方を国民と歴史に示したことにもなる。重要な意味を持つと言えるのではないかと思う。

次の三点である。箇条書きにしておこう。

一、近代の皇室典範の柱である終身在位を生前退位に変えるように要求した。

二、先帝の戦争の時代を否定、反省して戦没者の追悼、慰霊に専念した。

三、新憲法下における象徴天皇、人間天皇像の確立に意を注いで実現した。

むろんこのほかにも指摘しなければならない特徴はある。あまり研究者やジャーナリストの間では語られないのだが、より重要な指摘はあると私は考えている。どのようなことか。それは元号にイメージされる天皇像とそれぞれの天皇自身の性格、資質との間の差異である。もっとわかりやすく言うならば、天皇の「公」と「私」の二面性と言ってもよいであろう。むしろこれが重い意味を持つと考えてもいいかもしれない。

前述の三点は、この二面性を持っているか否かが鍵になっているようにさえ思う。初めに具体的に説明することになるのだが、「明治天皇と睦仁《むつひと》天皇」「大正天皇と嘉仁《よしひと》天皇」「昭和天皇と裕仁《ひろひと》天皇」「平成の天皇と明仁《あきひと》天皇」「令和の天皇と徳仁《なるひと》天皇」という具合に分けて、それぞれの天皇の役割とご自身の胸中とはいかなる関係にあったのかを見ていくと、新たな視点が出てくることに気がつくであろう。例えば明治天皇は、日露戦争の開戦を決定する御前会議で開戦が決まると涙を流している。

神奈川県立歴史博物館蔵

明治6（1873）年に撮影された軍装姿の明治天皇。

明治天皇としては戦争やむなしを受け入れたが、睦仁としては戦争を行いたくないとの感情を持っていたのだ。それが落涙となっている。明治天皇と睦仁とは矛盾しているのである。経緯を省いて書いていくが、明治天皇はこの苦しさを大正天皇もまた味わうと見たのであろう、そして孫にあたる昭和天皇にも続くと考

毎日新聞社『天皇四代の肖像』より

大正元（1912）年に公開された軍服姿の大正天皇の肖像写真。

えて、何らかの方策が必要だと考えた節もあった。それが大正三年に設立された東宮御学問所であったのだろう。昭和天皇が十三歳の時から二十歳までここで特別の帝王教育を受けたのは、「公」と「私」の二面性がなく、両者が合体しているように望んでのことであった。

実際に昭和天皇は昭和二十（一九四五）年八月まで、明治天皇や大正天皇が味わった二面性はなかった。つまり昭和天皇と裕仁とは一体化していたのである。そのかわりということになるのだが、昭和二十年九月からの、いわゆる戦後民主主義のもとでの象徴天皇になるには、御学問所での教育を捨てなければならなかった。こう見てくれば、先に述べた平成の天皇が国民に示した三点は、明治天皇や大正天皇の苦悩に気がつき、昭和天皇の葛藤の姿を見て、ご自身で獲得された貴重な姿だったということになるであろうか。

私と半藤一利氏が、平成の天皇皇后両陛下にお会いしたのは、平成二十五（二〇一三）年二月から二十八（二〇一六）年六月までの三年四カ月の間である。むろん私たちは気がつかなかったのだが、天皇陛下は生前退位の方向を模索して、いろいろ文献に当たられていたりしていたのであろう。のちに半藤氏とあれこれ推測の論を交わしたのだが、私たちは合計にするとおよそ二十時間余もお会いしたにもかかわらず、そのお気持ちをお察しすることはできなかった。

一度だけ、私たちに深い知識があったなら、「陛下は生前退位をお考えだ」と感じることができたはずの機会があった。それは昭和天皇のお書きになる筆字の話になり、やがて歴代の天皇で文字がお上手なのは誰か、という話に移った時のことだ。陛下は、光格天皇のお書きになった文字がお上手だと話をされた。私たちはまだ見たことがなかったのでうなずく以外になかったが、もし私や半藤氏にもう少しの知識があったならば、「そうしますと、陛下は今、光格天皇のお書きになった書をお読みなのでしょうか」とお尋ねしたであろう。そのような質問をさせていただく知識に欠けていた不明を恥じなければならない。

その点では、せっかくのお時間をいただいたのに残念な思いがする。

さらに天皇皇后両陛下とお会いさせていただき、私は前述のように「平成の天皇」と

文藝春秋写真資料室

昭和3（1928）年に公開された軍服姿の昭和天皇の肖像写真。

「明仁天皇」の間に二面性がなく、平成の天皇という立場は明仁という天皇と一体化しているとの感を持った。現在の憲法が規定している天皇像を、皇后とともに作っていくという大きな事業を成し遂げられたと、私には思えた。それは月並みな言い方になるのだが、皇后美智子さまと共に作り上げた歴史的な事業といってもよいように思えたのである。

本文の中でも触れたように、天皇制が天皇だけの力で維持される時代はすでに去った。皇后の助力が必要だという意味ではなく、両陛下が支え合うことで天皇の存在は意味を持つ。むろん昭憲皇太后、貞明皇后、香淳皇后、それぞれが天皇を支えることで、皇后の役割を果たしてきた。しかし、そこにはそれぞれの時代の制約や拘束があったのも事実である。皇后美智子さまの時代には、それまでとは異なった形の支え方があるように思う。実際に美智子さまはその形を、公務の時にも、私的行事の時にもさりげなく示されている。

私たちとお会いになる席でも、最初は陛下に口火を切らせてから、ご自身の話をさりげなくされる光景がいつも見られた。そういう心遣いに、私たちは心を和ませるのが常であった。

何度かお会いするうちに、私たちはある程度質問をすることにも慣れていった。あるいはお話をしているうちに、その場の空気が出来上がっていくことも感じられた。むろんそういう空気は、基本的には礼儀がきちんと守られていることが前提になるのだが、私はその空気とはある種の緊張感なのだと気がついた。そして私自身の中に、その緊張感とはなんだろうと何度も問い直しがあった。お会いしての帰り道、その問いに私なりに考えがたどり着いた。一言で言えば、「雑談の妙」という語に収斂される。

決して非礼の意味で言うのではない。雑談の楽しみという意味が、私にはわかってきたのである。この書はそういう視点で書き編まれているといってもよいが、雑談と

文藝春秋写真資料室

半藤一利氏（2019年撮影）。

豊岡治資筆・泉涌寺蔵

光格天皇像（部分）。光格天皇は今の上皇陛下以前に譲位（生前退位）をされた最後の天皇であった。

はどういうことか、そのことを語っておきたい。

まず、お会いする日が、侍従から半藤氏へ、そして半藤氏から私に連絡が入る。日時だけが決まるのだが、特に何を話すと伝えられるわけではない。つまりテーマはない。その日、お会いした折りに天候の話が出たり、あるいは陛下が和服を召されていると、「いつも和服でお過ごしなのですか」とのこちら側の質問で会話が広がったり、と展開していく。時には地震があったら、そういう話になったりもする。そういうルールなき座談の時間は、何と楽しいものか、逆にそれゆえに緊張感が必要になるのだという意味を理解できたのである。従って会話が途切れるということはない。

ある時、こんなふうな話になったことがある。本文でも触れているにせよ、私は陛下のご興味が幅広いのだなと痛感したエピソードでもある。

どのような流れか明確には記憶していないが、日中戦争に話が及んでいる時であったと思う。何気なく、「日中戦争から二十年、三十年過ぎた頃と思いますが、中国の毛沢東主席から感謝状をもらった日本の軍人がいるのです」という話を、半藤氏や私が口にした。戦後史のエピソードということになるのだろうが、むろん日本の中国侵略を肯定しての話ではない。

「それはどういうことですか。そんなこともあったのですか」

陛下は興味深げに質問を向けてくる。そういう時の陛下はご関心の気持ちを隠さないが、さりとて無駄な私的な感情を過分には表さない。しかし回を重ね、雑談の妙がわかってくると、陛下のさまざまなご関心は歴史の内部におけるヒダの部分に強くおありのようであることが、私たちにはわかってきたのであった。

日本軍のある大隊の隊長は戦闘が終わると、必ず兵士たちにその戦場に樹木の種を植えさせていった。そのために日本から種を取り寄せたり、あるいは中国の各地から種を集めさせていた。その隊長は、今は戦争の時代だが自然の樹木は平和の象徴だと信じていたのである。日中戦争が終わってから三十年余も過ぎると、植えられた種は成長してそこに防風林が出来上がったのである。その防風林は中国の東北地方にあって、自然災害の防波堤の役割を果たすようになった。私と半藤氏の説明は、その具体的な内容にも及んだ。

実は半藤氏は、その軍人に戦後会っていて詳しく聞いていたのである。もうお亡くなりになっていることなども説明した。すると陛下は、

「その方は戦後どのように生きておられたのですか」

と尋ねられた。

「樹木、自然が人間の心を和らげるとそういう運動を進めていたようです」

と半藤氏は答えた。陛下は「戦死なさらなかったのですね」ともお尋ねになった。半藤氏は、彼が植木鉢を平和のシンボルとして毎年八月には人々に手渡していたというエピソードも話した。陛下はご興味がある風情であった。多分こうした話は聞かれたことがないのだろうと、私にも思われた。半藤氏の話は次第に興が乗り、最後には下町の言葉で説明することになった。いささか庶民的すぎる表現を用いながらの状況説明に、両陛下とも黙してお聞きになっている姿が、私には印象深かった。この説明は、本文中でも詳細に記述している。

こういうエピソードはお会いする中でいくつもあった。あえて詳しく解説を加えておくが、私はこういうエピソードそのものの中に、陛下が私たちと会ってくださった理由が二つ見出せると思う。第一は、両陛下が私たちとの対話にご関心を抱かれたのは、雑談の中に社会や庶民の肌合いが窺えることがあったからではないかと思えるのである。いささか大まかな言い方になるのだが、雑談の妙にご興味があったからではないか。私たちは、よく両陛下は雑談を望まれているね、と何度も話したほどであった。そして第二は、例えばこの毛沢東主席から感謝状をもらったという一件に陛下が興味を示された時に、私は、平成四（一九九二）年十月に天皇として中国の北京空港に降り立たれた時のことを思い出したのである。

日中共同声明発表から二十年、天皇訪中は中国側の要請もあっただろうが、日本側にも賛否の両論がある中で、外務省の中国派が率先して話を進めた。私は当時、共同通信で文化欄に連載を持っていたので、よく共同通信社を訪ねた。その折に理事でもあった犬養康彦氏に会うことがあった。私は五・一五事件について書いたこともあり、犬養家とは親しく話ができた。

犬養氏から、「今度、天皇陛下が訪中するのだが、『おことば』についていろいろ相談に乗っている」との打ち明け話を聞いた。「謝罪に類する表現は用いなければならないが、玄関前で水撒きをしていて通行人に水がかかった、『あっ、ごめん』という程度の意味ではダメだと思うとお伝えした」と話していた。それを思い出したのである。

陛下のお気持ちもむろんそこにあったのであろう。それゆえ、中国で植樹をした大隊長のような日本人がいたということ自体に驚かれ、そのことに強い関心を示されたのは、私にはよく理解できることであった。

平成の天皇皇后両陛下とお会いし、二十時間余のお話を交わすことができたのは、私にとって近現代史の本質を探るうえで大切な体験になった。本文中でもいくつかのお話を紹介しながら、それに関わる昭和史の視点からの解説もつけ加えていきたいと思う。両陛下の日々歴史と国民とに向き合われているお姿を、本書を通して理解してもらえればとの思いである。

平成の天皇皇后両陛下大いに語る

御所で懇談六回、満洲事変、エリザベス女王から
テニスコートの恋まで

宮内庁提供

皇后陛下82歳のお誕生日を前に
公表されたお写真

宮内庁提供

お二人の出会いは「軽井沢テニスコートの恋」と呼ばれた

渡邉允さんの心配していたこと

安倍晋三元首相が銃撃された七月八日の夕方、帝国ホテルの宴会場「孔雀東の間」で、元侍従長渡邉允《わたなべまこと》さんのお別れの会が開かれた。会場に入ると生前をしのばせる写真が飾られていた。一人で馬に乗る少年時代のモノクロ写真、品格ある夫人との仲睦まじい夫婦の写真、孫世代も含め親戚一同アロハシャツを着て南の島で撮った記念写真などだ。

そして正面の祭壇には、朗らかな表情をした渡邉さんの大きく引き伸ばされた写真があった。長身だった渡邉さんが瑞宝大綬章を佩用《はいよう》した燕尾服姿で、水色と黄色の勲章のリボンが目にも鮮やかに映った。

入り口で迎えてくれた三姉妹の息女に挨拶した後、会場に入ると徐々に人が集まって来た。その中には川島裕《かわしまゆたか》氏（元侍従長）や羽毛田信吾《はけたしんご》氏（元宮内庁長官）といった宮内庁や古巣の外務省の関係者、メディア関係者のほか、上皇上皇后両陛下の長女黒田清子《くろださやこ》夫妻の姿もあった。

黒田さんのご結婚は、渡邉さんの侍従長時代の大きな仕事の一つだった。世間の注目を集める内親王のご結婚は、徹底した情報管理をしながら話をまとめなければならず、天皇家と黒田家の間に立つ渡邉さんの采配なくしては難しかったと聞いたことがある。

安倍元首相の容態もまだわからない状況の中で、出席者たちの多くはその話題を口にしていたが、渡邉さんが上皇上皇后両陛下に対して常に献身的であり、「臣」であり続けたことを称賛する声を方々で聞いた。

渡邉さんと私の最初の出会いは二〇〇五年頃にさかのぼる。私は当時、昭和天皇が一日二十四時間の「フルタイム天皇」であったのに対し、平成の天皇は「八時間天皇」だと時々書いていた。昭和の時代は、国家の君主としての天皇像が確固としてあり、昭和天皇は日常の所作まで君主としての振る舞いを求められた。それに対して平成の天皇は、戦後民主主義体制の中で育ち、大きな制約があるとはいえ、プライベートの時間も一定程度は保障されてきた。その日の公務を終えられれば、束の間ではあるが明仁

文藝春秋写真資料室

渡邉允元侍従長（2015年撮影）。

雑誌協会代表取材

新郎新婦御結婚記者会見での黒田慶樹さんと清子さま（2005年11月15日撮影）。

という個人に戻ることもできる。私はそういったあり方のほうが現代日本の象徴としてはふさわしいという思いも込めて書いていた。

これを目にした侍従長の渡邉さんは、編集者を通じて私に会いたいと連絡してきた。宮内庁の侍従長室を訪ねると、渡邉さんは予想以上に厳しかった。

「二十四時間説と八時間説の言わんとする意味はわからないわけでもないですが、陛下にお仕えしている身としては納得できない表現です」

と言う。そして両陛下のスケジュールを持ち出し、日程がいかに詰まっているかを具体的に説明した。たしかに大変なお忙しさであったが、私は、そのようなスケジュールのことを言っているのではなく、天皇の人間としてのあり方を比喩的に表現したものだと説明した。

渡邉さんは私の説明に納得することなく、「極めて誤解を生む表現です」と繰り返した。

「あなたの書いた『秩父宮』は読みました。真面目に本を書く人であることはわかっています。だから八時間天皇とだけは二度と書かないでほしい。それは我々は困る」

と強く念を押された。私は渡邉さんの一族が明治以来、天皇家に仕えてきたことを知っていたので、その方面に話を進めると渡邉さんはこう言った。

「私はそういう感情から言っているのではありません。かつての時代のような天皇のあり方とは一線を引いてお仕えしています」

渡邉さんはどこまでも真剣だった。私はその態度に打たれ、誤解を生む表現であることを認めた。以来、渡邉さんとの距離が縮まった。「わからないことがあったら、いつでも連絡をください。わかることなら答えますから」というので連絡したこともある。

陛下も日記などは残されている

二〇一五年には月刊「文藝春秋」で対談し、二〇一九年の御代替わりの際には、作家の半藤一利さんを交えて日経新聞で座談会を行った。最後に会ったのは令和になった翌年、二〇二〇年の暮れのことだ。その随分前に「折り入って相談したいことがある」と丁重な手紙をもらっていたのだが、なかなか会う機会をつくれず、また渡邉さんも体調を崩したこともあり、ホテルニューオータニのラウンジで会うまでに一年近く経っていたように思う。

渡邉さんは酸素吸入のチューブを付けて出歩くようになっていた。話は『昭和天皇実録』のことになった。二〇一五年に一般向けの刊行が始まった『実録』は、全十九巻の密度の濃い書になって二〇一九年に刊行を終えていた。渡邉さんはこう話した。

「上皇陛下もいずれ『実録』が刊行されるでしょう。しかし陛下の場合は、昭和天皇に比べて資料が少ないのが心配です。陛下も日記などは残されている。しかし公表されるかどうかはわからないし、難しいかもしれない。備忘録風の記述やプライベートのことも多く書かれているでしょうから……」

華族画報社「華族画報」より

渡邉允氏の曾祖父、渡邉千秋伯爵。

『実録』の編纂には、宮内庁書陵部編修課の専門スタッフ数名があたったが、二十四年あまりかかった。何より記述の元となる資料が重要であり、その収集に相当な時間が費やされる。渡邉さんは、平成の天皇の実録のことをしきりに心配していた。

「実は、自分も明治天皇にお仕えした曾祖父以来四代の歴史を振り返りながら、私が身近に接した陛下のことを書き残しておこうと考えています」

渡邉さんの曾祖父渡邉千秋《ちあき》は維新後、内務省に入り西南戦争の事後処理などで活躍した。薩摩出身の有力者に重用され県知事などを務めた後、貴族院議員となり、その後、宮内大臣となる。次男千春が大山巌《おおやまいわお》の四女と結婚し、その長男の昭は昭和天皇の御学友に選ばれた。昭の長男が允氏だった。

渡邉さんは体調が芳しくないようだったが、「家で資料をひっくり返している」「皆さん、わが家のことを華族とおっしゃるけれど、曾祖父だって元は信州の小さな藩（諏訪高島藩）の下級武士なんですよ」など語るのを聞きながら、執筆を励ました覚えがある。

どれだけの側近が書き残しているか

天皇の実録の編纂では、資料として天皇本人の回想録や、側近である侍従（武官）長の日記の「質と量」が大きな違いを生む。昭和天皇で言えば、終戦直後にＧＨＱに提出するため行われた聴取の記録『昭和天皇独白録』や、内大臣木戸《きど》幸一《こういち》、侍従長入江《いりえ》相政《すけまさ》ら側近たちの日記がなければ、ずっと無味乾燥なものになっていただろう。

渡邉さんは正直なところ、平成の侍従や側近のうち、どれだけの人がきちんと書き残しているか心許ないと感じていたようだ。昭和天皇の御代と異なり、侍従は華族出身者から官僚中心に替わってしまった。しかも他省庁からの一時的な派遣がほとんどであり、お仕えする期間も数十年から数年単位にまで短くなった。式部官長から宮内庁参与まで二十五年仕えた渡邉さんは例外的に長い。

公的な記録として侍従（職）日誌というものはある。しかし、それはあくまで公的な記録であって表面的なことしか書かれておらず、天皇が洩らした言葉や心情などは記されていない。渡邉さん自身『天皇家の執事』という本を書いていたが、書き残したことも多くあると洩らしていた。

「君も書き残しておきなさい」

話を聞きながら、私に手伝ってほしいのかもしれないとも感じられ、「資料がある程度まとまった時にお手伝いできることがあれば」と私は言った。すると渡邉さんはこう言われた。

「君も両陛下には何度かお会いしているのだから、必ず書き残しておきなさい。二十年後か三十年後かに書かれる『実録』のためにも」

私はうなずいた。

たしかに私は半藤さんとともに計六回、お目にかかる機会をいただいていた。二回目は磯田道史氏、五回目は加藤陽子氏と半藤夫人の末利子さんがいっしょだった。その頃、参与として陛下の相談役を務めていた渡邉さんは、当然そのことを知っていたのだ。

七月八日のお別れの会の夜、私はこの言葉を思い返していた。私や半藤さんは、在野の歴史研究者として帝国陸海軍の元軍人や皇室関係者に話を聞いて昭和史を書いてきた。だから、いずれは両陛下との対話の記録をまとめたいという気持ちはあった。

両陛下にお目にかかったのは、二〇一三年二月から二〇一六年六月にかけて、お二人がまもなく八十代に入ろうとされていた時期だ。当時は露も知らなかったが、内々には生前退位のご意思を示され、宮内庁内では議論が進んでいた時期でもある。「私的旅行」と称して行き先を自ら決められて、千曲市のあんずの里や東根市のさくらんぼ農家をお訪ねになったりもしていた。戦後七十年（二〇一五年八月）という大きな節目もあった。

平成の御代が終わろうとする時期に、両陛下がどのようなことに関心を持たれ、どのような話をされたのか。そのことは記録しておくべきだろう。

渡邉さんの言葉は、この原稿を書くに当たって背中を押してくれた。最近、三十代、四十代の研究者の書を読むたびに、悪しき史料主義に走り、当事者の肉声がほとんど生かされていないことに危機感を感じていた。肉声を尊重してきた在野の研究者の一人として、後世の役に立つものになればとの思いはひときわ強い。

今回の原稿では、あえて時系列は無視してテーマ別にまとめる。そのほうが両陛下のお考えがよくわかると思うからである。

御所の庭を望む応接室で

「保阪君、雲の上の人に会う気はあるか」

電話をかけてきた半藤さんの言っている意味がすぐにはわからなかった。

「両陛下にお目にかかって雑談するんだよ。昭和史のことをお聞きになりたいとおっしゃって、君の名前が挙がったんだ」

半藤さんは単刀直入にこうつけ足した。すでに三度、両陛下にお目にかかっているらしい。だが、私が戸惑っていると、「とにかくあまり深刻に考えなくていいから」と言う。

それからはあっという間だった。思わぬ成り行きに驚いた妻にうながされ、背広を新調し靴と鞄を買った。二週間後の二〇一三年二月四日、私は半藤さんと共に両陛下のお住まいである御所をお訪ねすることになった。

帝国ホテルのロビーで待ち合わせてタクシーに乗り、皇居内の生物学研究所前で迎えの車に乗り換え、ほどなく御所にたどり着いた。あたりはもう暗かった。正面玄関を入ると左手の控室に通されてソファに腰を下ろした。

ここまでホテルを出てわずか十分あまり。ホテルのロビーの喧騒とはまったくの別世界に私たちはいた。まもなく侍従の一人が現れて手順を説明してくれた。

「お目にかかるのは別の部屋です。これからお部屋までご案内して私がドアを二回叩きます。そしてドアを開けます。すると両陛下が立っていらして、『どうぞ』とおっしゃるはずです。そこで私の仕事は終わりです。あとは両陛下とお二人の世界の話になります」

侍従は丁重だった。長い廊下を先導し、応接室のドアの前に立つと彼は「トン、トン」と長めに一拍おいて二度ノックをした。ドアを部屋の内側に開くと、右側に天皇陛下、左側に美智子さまがお立ちになっていた。

半藤さんは、「今日はお招きいただきましてありがとうございます」と頭を下げた。私も「初めてお伺いさせていただきます。保阪と申します。今日はお招きありがとうございます」と申し上げ、部屋に入った。

応接室にはテーブルとソファが置いてある。庭園が望める角部屋だった。半藤さんが陛下の前、私が美智子さまの前に座った。

「**よくいらっしゃいました**」

とまず陛下から声をかけられた。ハッとしたのは、そのとき陛下が蝶ネクタイをされていたことだ。派手なものではなかったが、これまでお見かけしたことのない装いだった。

「どうして民主主義が根付かなかったのでしょう」

半藤さんは手土産としてお菓子を持参していたが、私はその頃、出版したばかりの『仮説の昭和史』という上下の単行本を持って行った。

「どんな本ですか」

お尋ねいただいたので、「昭和史で、もし米国と開戦しなかったら、などいろいろな仮説を立てて、その場合の日本はどのような国になっていただろうかと私なりに考えた本です」と答えた。すると陛下は、

「仮説は大事ですよね。日本にはどうして民主主義が根付かなかったのでしょうね」

といきなり思いも寄らぬことをおっしゃった。私も半藤さんもすっかりまごついてしまった。本をお渡ししたときに「日米開戦直前のハルノートを受諾したら」とか、「戦争をもっと早く終わらせていたら」という例を挙げたので、戦前のことを指してのことだとは思うが、最初からこういう質問を受けて驚いた。

私たちが答えに詰まっている様子を見て、美智子さまが穏やかな口調で私に尋ねた。

「保阪さんは何年のお生まれなのですか」

「昭和十四年の十二月生まれです」

半藤さんが言い添えてくれた。

「私と十歳ほど離れています」

陛下は一九三三（昭和八）年、美智子さまは一九三四（昭和九）年のお生まれだから私より五、六歳上になる。一方、半藤さんは一九三〇（昭和五）年生まれなので陛下より三歳年上だ。

そして、子供の頃の教科書の話に移った。半藤さんが「いやあ、あの頃はひどい教科書でした」と嘆息すると、陛下も美智子さまもはっきりとうなずかれた。

私は戦後に学んだ世代だったので黙していたが、半藤さんはこう言った。

「陛下のお立場からは言いにくいことかもしれませんが、今ではちょっと考えられないくらいに強引な教科書でした」

すると美智子さまはこうおっしゃった。

「私も同じ教科書でした。極端な内容の教科書でしたね」

率直なのに驚いて陛下のほうを見ると、

「私もあの教科書で勉強していたんですよ」

と話される。陛下は一九四〇年に学習院初等科に入学されている。日本の尋常小学校は、その翌年から四七年まで国民学校と呼ばれた。戦時体制に対応して「皇国民」育成にふさわしい教育を行うためである。

お生まれになった時から皇位継承が決まっていた陛下もまた、「ススメ　ススメ　ヘイタイ　ススメ」「ヒノマル　ノ　ハタ　バンザイ　バンザイ」とか、「この国を　神生みたまい、この国を　神しろしめし、この国を　神まもります」といった内容の国定教科書で勉強していたのかと思うと、感慨を覚えないわけにはいかなかった。

「建物が何一つないんですよね」

私は戦後に教育を受けた世代なので黙っている以外になかったが、美智子さまから尋ねられた。

「保阪さんが小学校に入ったのはいつですか」

このように美智子さまは会話の中に招いて下さる。こうしたお気遣いはその後、何度もしていただいた。

「昭和二十一年の四月です。そのときはまだ小学校も国民学校という名前が残っていました」

「私の妹といっしょの学年ね。妹の生まれは保阪さんより一年遅いけれど、早生まれでしたから。あの頃も大変な時代でした。教科書がなかったんですよね」

戦争直後はモノ不足の時代だ。私は「先生が毎日、謄写版で印刷してくれた紙で勉強していました」という体験を話した。

「妹の様子を見ながら本当に大変だなあと思いましたよ」

両陛下ともお話しになるときは必ず相手の目を見て話す。ソファに座って斜め向かいの相手に話すときは、体を少し相手の方に向ける。それがお二人のなさりようである。

半藤さんは、「陛下はその頃栃木にいらしたんですね」と聞いた。終戦時の話だ。昭和十九年七月から初等科の同級生とともに日光に疎開され、二十年の十一月に列車で東京にお戻りになるまでその地にいらした。

帰京時、埼玉と東京の県境の荒川を渡り、赤羽のあたりまで来ると見渡す限りの焼け野原が広がっていた。

「建物が何一つないんですよね。これほどひどいのかと本当に驚きました」

まだ陛下は小学六年生だった。その後、原宿駅で降りられ赤坂離宮に向かわれた。そのときの衝撃は今もよみがえるようで、心底驚いたという表現をされた。

美智子さまは、一九四五年三月から四七年一月まで正田家本家のある群馬県の館林（一時軽井沢）に疎開されていた。

「戦争中ずっとあそこにいました。鬼ごっこをしたり、外で遊び回っていたりしたんですよ。国民学校五年生の時に戦争が終わり、しばらくして東京に戻ったのです。私の世代だけなんですよ、国民学校に入学して国民学校を卒業したのは。小学校とは言わなかったんですね」

「日本の若い人も養蚕に関心を……」

陛下が**「保阪さんの出身地はどこですか」**とお聞きになったので、「札幌ですが、本籍をたどると群馬の富岡です」と答えた。

群馬、そして富岡の流れで富岡製糸場（殖産興業政策による初の官営模範工場）の話になった時、美智子さまがこの製糸場に関心を持っていることを知った。そこで私は工場で働いていた地元の女性たちの話もした。

「武士の娘も多かったんです。そういう女性は偉かったと思います。まだ明治維新の直後で、武士の娘だったものが工場で働くためには、いろいろな因習をはねのけなければならなかったでしょうから」

富岡は七日市藩という一万石ほどの小藩だったが、金沢前田藩の御三家の一つで、明治期には七日市藩の藩主の五男である利為《としなり》が金沢の前田藩を継いだ、と説明した。すると美智子さまが「どうしてそんなにお詳しいの」と尋ねられた。

「実は、保阪家は七日市藩の家老で、『保阪家文書』と呼ばれる藩の運営に関する文書群も残っています。わずか一万石の小藩の仕事はどうも江戸の情報収集で、『保阪家文書』にはそのあたりのことも書かれているようです。製糸場が富岡にできたのも、七日市藩と前田藩の情報戦略がからんでいるかもしれません」

美智子さまは正直に、

「館林で育ちましたけれど、七日市藩は知りませんでした」

とおっしゃる。陛下もご存じないようだった。

利為の兄利定《としさだ》は大正期には逓信大臣などを務め、利為の子利建《としたつ》は宮内省に入り、戦後は式武官まで務めた。私の祖父は利定と共に旧制の第一高等学校に通ったと聞いたことがあった。

美智子さまは、皇居内にある紅葉山御養蚕所の話をされた。宮中でのご養蚕は、昭憲皇太后（明治天皇皇后）以来の伝統で、美智子さまは毎年春から初夏にかけて約二カ月、奉仕者とともに給桑《きゆうそう》、上蔟《じようぞく》、繭《まゆ》掻き等さまざまな作業をなさっていた。

宮内庁提供

平成23（2011）年6月9日、皇居内の紅葉山御養蚕所にて初繭掻き行事をされる皇后陛下（当時）。

「今でも皇居で養蚕をやっているんですけれど、日本の若い人にも関心を持っていただくといいのですが……。いま養蚕所で一生懸命やってくれているのはブラジルで育った二世の方たちです。日本の方たちが少ないんです」

紅葉山御養蚕所の主任は、もともと養蚕が盛んだった群馬県の蚕業試験場出身者で、助手を務めているのが同県の日系ブラジル人ということらしかった。皇室と群馬県が日本の近代化の象徴の一つである生糸生産で深く結びついているのが、私には興味深かった。

「殿下とテニスをすると言われて緊張していました」

陛下は表情を崩されて、

「こちら（皇后）と初めて会ったのはテニスなんです。たしかそうですよね」

と美智子さまのほうを向いておっしゃる。

「準決勝でしたね。米国人の少年とペアでしたよね」

一九五七年八月、軽井沢のテニスコートでトーナメント大会が開かれた。陛下は早大生の石塚研二氏と組み、美智子さまはボビー・ドイル少年と組んで対戦した。

「ちょっとやってみたら、この人たちは下手だから簡単に勝てる、楽勝だなと思ったんですよ。始まってからも大して強くないと思いながら球を返していたんですけれど、ゲームが進んでくると意外に強くて接戦になったんです。それで真剣になってやりました」

宮内庁提供

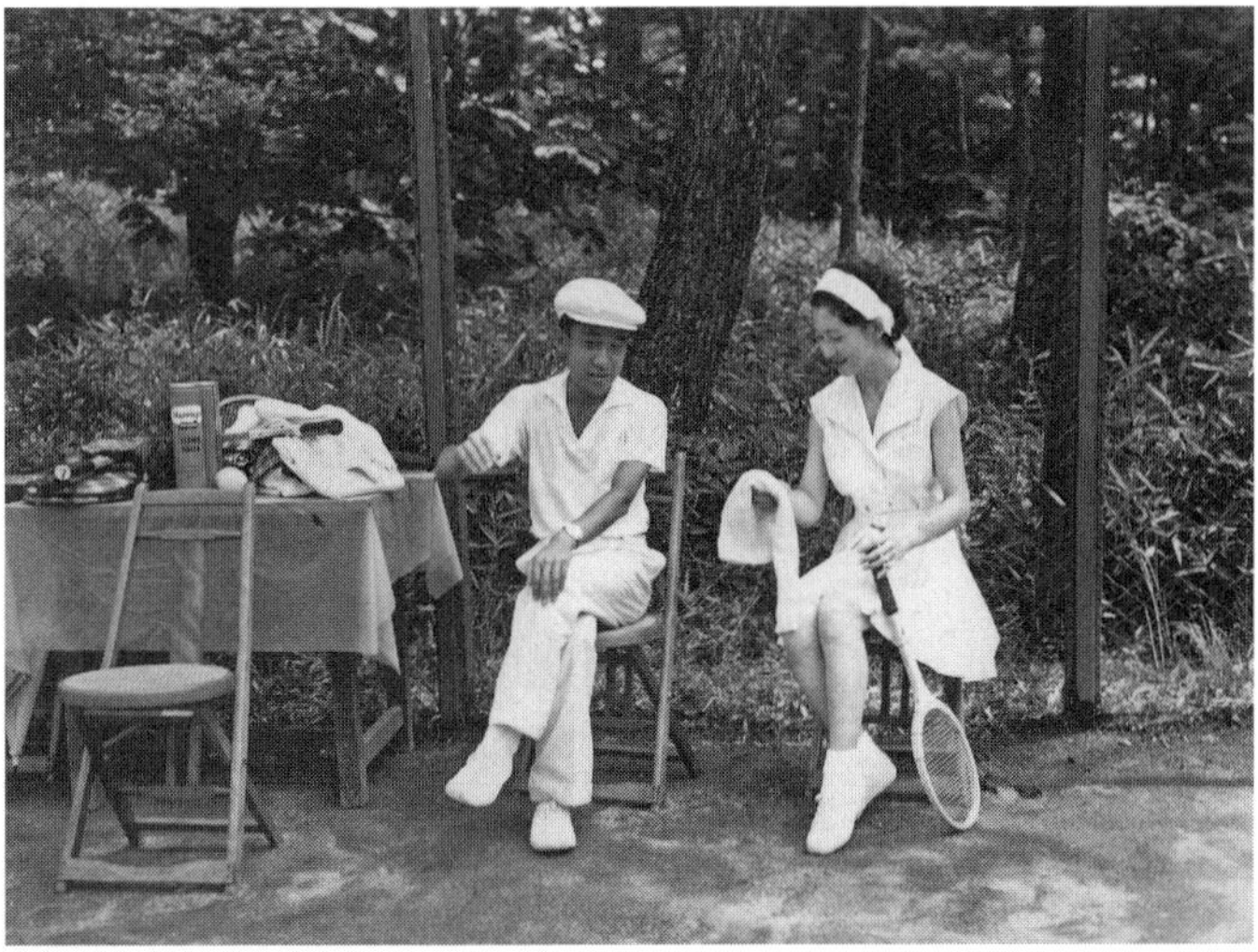

両陛下はご結婚後もテニスを楽しまれた。昭和35（1960）年、那須御用邸でのお写真。

陛下がとても楽しそうに話すことに驚いた。エピソードは知っていたが、そのままうかがっていた。

陛下は美智子さまに「**その時あなたはどういう気持ちだったんですか**」と聞く。すると美智子さまは「**私はもう殿下とテニスをすると言われてすごく緊張していましたよ**」と答えた。

「どちらが勝たれたのでしょうか」とうかがうと、美智子さまが「**陛下の方が勝ったんです**」と言い、陛下も笑顔で「**やっと勝った**」ということをおっしゃった。資料によれば、「4―6、7―5、6―1」で美智子さまとドイル少年のペアが勝ったことになっているが、お二人の間では、陛下のほうが勝ったことにしているのかもしれない。とにかく陛下が楽しげに思い出を語られる姿が印象に残った。

「チャーチルさんは慈父のようでした」

最初にお目にかかった年の前年、両陛下はウィンザー城で開催されたエリザベス女王即位六十周年記念式典に参列されていた。そのとき二十六人の各国君主と代理王族が勢ぞろいした記念撮影が話題になった。つまり、その時すでに陛下とエリザベス女王は、女王の戴冠式(一九五三年)以来、六十年にわたるご交流を続けてこられていたわけだ。戴冠式ご参列の思い出話になったのは二〇一四年十二月十九日、四回目の懇談の時であった。

「私にとっての成人式は二十歳でなく十八歳だったんですよ。その翌年に一カ月くらいかけて船と列車でロンドンに行きました」

一九五三年三月三十日、横浜港から大型客船プレジデント・ウィルソン号で出発された陛下は、サンフランシスコに到着した後、北米大陸を列車で横断し、ニューヨーク港からクイーン・エリザベス号で英国に向かわれた。ロンドン到着は四月二十八日であった。

「いろんな思いが私にも伝わってきました」

陛下は、翌々日の三十日にダウニング街十番地の首相官邸で開かれた午餐会に主賓として招かれている。時の首相は、六年ぶりに政権に返り咲いていた御年七十八のウィンストン・チャーチルだった。

「チャーチル首相が首相官邸の午餐会に招待してくれましてね。握手するなり、私を慈しむように接してくれました。いろんな思いが私にも伝わってきました。チャーチルさんは私を抱えるようにして椅子まで案内してくれ、席に座らせてくれた。本当に慈父のようでした」

共同通信社

首相官邸での午餐会の後、皇太子殿下（当時）をお見送りされるチャーチル英首相（1953年4月30日撮影）。

午餐会は非公式のものだったが、前首相クレメント・アトリー、現職の国防大臣、国務大臣も顔を揃え、英国三大紙の新聞人ら主客合わせ三十人ほどの会だった。わずか八年ほど前まで敵国だった日本に対する英国世論はまだまだ厳しかった。随員の一人だった吉川重国《きつかわしげくに》氏は次のように記している。

〈きょうの午餐会はイーデン外相が病気のため、チャーチル首相が代って催したのであるが、英国朝野の名士を招き、とくに新聞人に対する考慮その他において重大な意義をもった会合である〉（『戴冠紀行』）

「英国の有力者はみな気を遣ってくれた」

反日の急先鋒だったデーリー・エキスプレスの社主も招かれており、当日、陛下にお供した首席随員の三谷隆信《みたにたかのぶ》侍従長や松本俊一《まつもとしゆんいち》駐英大使はじめ、日本側はどうなることかと気を揉んでいたが、結果は大成功だった。雰囲気を大きく変えたのは、午餐会でのチャーチルのスピーチだったという。三谷は、後にこう振り返っている。

〈食後チャーチル首相は殿下のため挨拶に立った。彼は秘書官が二階の書斎から持ってきた馬二頭が並ぶ、高さ一尺余りの銅像を指して、これは自分の少年の頃、母が日本に旅行した記念にもち帰った土産品であると、昔の思い出などから話をはじめ、「日英両国の間にはかつては、失敗もあり、不明もあったが、いまやこれらのことはすべて過ぎ去った過去のことである。殿下には過去に対する責任はない。ただ将来あるのみの幸福な方である。

日本はこの馬の銅像の示すように、美術の面においても素晴らしいものをもつ国である。願わくは今後の世界はより多く美術を愛し、より少なく戦艦、大砲を必要とするようになりたい。

英国には女王は統御するけれども、支配しない。大臣は過ちを犯すが、女王は過失をおかさないという原則があるが、われわれ政治家はしばしば意見を異にし、激しい論争をする。しかし結局は平和のうちに議をまとめて進む。どうか殿下もこの我々のやり方をご覧になってご帰国願いたい」

という趣旨を諧謔を交えて面白く語った。首相の演説は新聞には掲載されなかったが、将来の日英関係を示唆するものとして、我々は感銘深く聞いた〉（『回顧録　侍従長の昭和史』）

先の吉川氏も『戴冠紀行』で「嬉しくてたまらず」こう書いている。

〈チャーチル首相が殿下に対し、予定ではないが、ちょっと殿下のためにスピーチおよび乾杯をしたい、しかしこれに対して殿下はお答えの必要はありません、と申し上げ、起立の上一分間くらいだまって立っていた後、じつにうまいスピーチをやったそうだ。大使も公使もすっかりチャーチルに魅せられてしまったとか。間接にきいたわれわれも感心させられた。殿下もよほどお気持がよかったとみえ、チャーチル首相がお車までお見送りして、お帰りになるとすぐ動物園にいくといわれお出かけになった〉

陛下は半藤さんと私にこうおっしゃった。

「午餐会に出席していたロンドン・タイムスの社長や英国の有力者とも話をする機会がありました。みな好感をもって私を受け入れようと気を遣ってくれていたように思います」

陛下は官邸での午餐会の後、戴冠式までの一カ月間、さまざまな歓迎パーティに参加し、エジンバラやグラスゴーまで足をのばされている。半藤さんが尋ねた。

「昭和天皇の名代として出席されたことで、各国の視線を浴びたと思います。敗戦国、戦争を起こした国、枢軸国などと見られ、皇太子として嫌な思いをされたことはありませんでしたか」

お答えは、ただ一言「**まったくありませんでした**」だった。

「エチオピアの皇太子とは親しくなりました」

エリザベス女王の戴冠式は六月二日にウェストミンスター寺院で行われた。

「戴冠式には、いろいろな国の若い皇太子が来ていて、彼らと話ができたのが楽しかった。特にエチオピアの皇太子とは親しく懇談しました」

「エチオピアの皇帝と言えば、ハイレ・セラシエですね。その皇太子でしょうか」。私がたまたま覚えていた名前を出すと陛下は「**よくご存じですね**」と言われた。

ハイレ・セラシエ一世は英女王戴冠式の三年後、日本が国家元首として戦後初めて迎えた国賓で、当時大きな話題になった。『昭和天皇実録』にも詳しく書かれているほどで、私や半藤さんの世代は親しみをもって記憶している。

美智子さまはこうした話題の時はじっと黙って聞いていて、知っている人の名前が出ると短く質問される。エチオピア皇帝の訪日の話が出た際には、

「それは私がこちらに上がった後だったでしょうか」

とお聞きになった。皇室に入ることを「上がる」とおっしゃる。エチオピア皇帝の訪日

毎日新聞社『一億人の昭和史』より

来日したハイレ・セラシエ1世エチオピア皇帝と会見された皇太子殿下（当時）（昭和31年11月27日撮影）。

は「上がる前」ということになる。「上がる前」「上がった後」という表現をしばしば使われた。

戴冠式の朝、ウェストミンスター寺院に到着してみると陛下に用意された席は最前列だった。祭壇に向かって右側にソ連駐英大使、ネパール王族夫妻、陛下、サウジアラビア王子、イラク皇太子が並び、左側に米国、ラオス、ベトナム、エチオピア、アフガニスタン、カンボジアの各国代表が並んだ。

戴冠式の翌々日には、エチオピアの皇太子から午餐に招かれた。このとき親しくなられたのだろう。エチオピア皇帝が最初の国賓になった背景には、皇太子同士の関係もあったのかもしれないと思った。

二〇二二年九月にエリザベス女王の訃報があった時、宮内庁は、英女王の戴冠式に出席した外国代表で、即位六十周年祝賀行事にも出席したのは、陛下とベルギー国王アルベール二世陛下のお二方だけだったとわざわざ発表している。エチオピアでは一九七四年に軍事クーデタが起こり、ハイレ・セラシエ一世は廃位され、その皇太子は一九九七年に米国で亡くなっている。

「これは妹が買ってきたお土産なんです」

夜、御所をお訪ねすると食事をご用意いただくこともあった。応接間の続きの間が食堂になっていて、少し高いテーブルで椅子にかけていただくのだ。

食前酒のあと、天ぷらに野菜の煮つけ、魚料理もあったと記憶している。ごはんは茶碗に半分ほどよそってあった。天ぷらにした山菜について美智子さまが、

「**これは御所でとれたんですのよ**」

とおっしゃったり、食前酒について、

「これは私の妹がヨーロッパで買ってきたお土産なんです」

と説明してくれたりしたことがあった。私たちのほかには給仕の係が一人いるだけで、時折「おかわりはいかがでしょうか」と聞いてくるだけだ。食卓ではごく普通に食事をめぐる会話が弾んだ。

「ごゆっくり食べてくださいね」

「これで足りますか」

と美智子さまは気を遣ってくださる。私も半藤さんも健康のことを考え、あまり食べ過ぎないようにしていたので食事は二十分ほどで終わった。食事の後はいったん休憩が入り、両陛下がお部屋をいちど離れた後、十分ほどしてからまた応接間で懇談が始まった。

エチオピアとの縁は意外だったが、もうひとつ陛下の口から出た話で意外だった国がある。アフガニスタンだ。エリザベス女王の戴冠式には、アフガニスタンの王子も招かれており、その王子の話からアフガニスタンの話になった。

アフガニスタンには、ザーヒル・シャーという国王がいたが、エチオピアと同じく一九七三年にクーデタで王朝は倒された。その後、一九七九年に親ソ政権支援のためソ連軍が侵攻したが、泥沼化し十年後には撤退を余儀なくされる。二〇二一年四月には、バイデン政権が米軍のアフガニスタンからの撤退を決断した。二〇〇一年の同時多発テロ以降、駐留を続けたものの、国内は安定せず、アメリカもソ連と同じく手を焼いて放り出した。多民族国家であり厳しい山岳地帯が続く国だ。大国の武力をはねのけてきた歴史がある。

「アフガン軍は巧みだったと聞いています」

半藤さんは聞いた。

「私も少し調べましたけれど、なかなかわかりませんでした。あのソ連でもアフガンに勝てなかった理由は何だったのでしょうね」

陛下は**「私が理解している範囲ですが」**と前置きして説明を始めた。大要、次のような話であった。

「例えば、渓谷の谷間の道を戦車隊が入ってきますよね。するとアフガニスタン軍は最初の戦車と最後の戦車をまず叩く。すると戦車隊は前にも後ろにも進めなくなる。そうして残りの戦車を囲んで攻撃する。そういう戦術をアフガニスタン軍は採ったようですね。地形を生かした戦術が巧みだったと聞いています」

半藤さんは、「ほうたしかに、それは巧みですね」と感心した。私も「なるほどそうだったのですか」とうなずいた。

陛下がどうしてこのような話を知ったのかはわからない。以前、現代ロシアの専門家袴田茂樹氏から、「陛下はロシアの歴史について詳しいですよ」と聞いたことがあったので、もしかすると袴田氏のご進講の席で知ったのかもしれない。もっとも皇太子同妃両殿下時代にアフガニスタンを訪れ、バーミアンの石窟寺院等もお訪ねになられているから、前々からあの国の歴史にご関心をお持ちだったのかもしれない。

美智子さまは、アフガニスタンを訪問された直後と、同時多発テロに先立ってタリバンがバーミアンの石仏を破壊した時に御歌を詠まれている。

バーミアンの月ほのあかく石仏は御貌削がれて立ち給ひけり（一九七一年）

知らずしてわれも撃ちしや春闌《た》くるバーミアンの野にみ仏在《ま》さず（二〇〇一年）

こういう歌を残されているが、アフガニスタンの話題のとき美智子さまはじっと私たちの話を聞いていらした。私たちの話の中に「佐官クラス」という言葉が出た時には、**「サカンとは何ですか」**とお尋ねになった。これには陛下ご自身が**「大佐、中佐、少佐のことを指すんだよ」**と解説された。その対話の呼気と吸気が見事に合っていた。

歴史の話は、陛下のほうがご関心があり、美智子さまのほうは、思い出を話されるほうがお好きな方という印象が残った。話が現在のほうに進んでくると、陛下もいつしか何もおっしゃらずにお聞きになっている。私たちは現在の国際情勢にかかわるような話は、あえてしないように心がけていた。

「満洲事変についてはどう考えていますか」

先の大戦にまつわる話は、ほぼ毎回のように話題にのぼった。私たちがお目にかかったのは、ちょうど二〇一四年に『昭和天皇実録』（和綴の奉呈版）がまとめられて陛下の手元に上がり、戦後七十年の節目で安倍首相の談話が注目された時期だった。最初の頃は気づかなかったが、そもそも、私たちが御所に呼ばれたのもこういう時期だからこそだったのかと後から気が付いた。ただ、先の大戦についての陛下のご関心は、意外にも、いくつかのことに集中していた。

最初に話題になったのは二〇一三年九月十日、二回目の懇談で、歴史学者の磯田道史さんもいっしょに三人で伺った時だった。

陛下は次のように切り出されたと記憶している。

「満洲事変についてはどう考えていますか」

半藤さんはすぐにこう答えた。

「満洲事変というのは結局のところ、その後の日中全面戦争のきっかけでした」

満洲事変は一九三一(昭和六)年の出来事だ。一九四五(昭和二十)年の敗戦に至る日本の悲惨な道はここに始まる。満洲事変については、磯田さんもよく知っているので、彼も加わって三人でおおむね次のような内容を説明した。

中国東北部・満洲は当時、張学良をリーダーとする軍閥が勢力圏としていたこと、これに対して日露戦争以来、現地に駐屯していた関東軍のナンバー3、高級参謀の板垣征四郎《いたがきせいしろう》大佐と作戦参謀の石原莞爾《いしはらかんじ》中佐が基本的な作戦計画を練り、彼ら二人の謀略に関東軍司令官本庄繁《ほんじようしげる》が乗ったこと、事変の発端となった柳条湖事件は中国軍の仕業にみせかけた関東軍の自作自演だったこと、彼らの陰謀の大元には、天才的な戦略家と言われた石原の独自の戦略があり、将来、必ず米ソと対立する日本の国力を養うためには満洲の領有が不可欠と考えたこと、石原は、その後の中国との戦争を想定していなかったが、満洲国を打ち立てた陸軍が勢いに乗って中国に攻め入ったこと、など事変の概略を伝えることになった。

「私の読んだ本に書いてあることとは違いますね」

陛下はもっと細部を知りたいご様子で次のようにお聞きになった。

「関東軍と東京の陸軍とはどういう関係にあったのですか」

満洲事変に深いご関心を示す陛下の反応を内心不思議に思いながら、私たちはこもごもこういう説明を続けた。

板垣や石原は東京の陸軍省や参謀本部の意向を無視してでも満洲を占領するつもりだったこと、ただ、彼らの動きに東京がまったく気づいていなかったわけではなく、陸軍中枢には多数の賛同者がいたことなどである。

そのうえで半藤さんはこんな裏話も披露した。

「陸軍の中枢は、板垣や石原の動きに対して見て見ぬふりでいるつもりだったのですが、動きに気づいた元老西園寺《さいおんじ》公望《きんもち》や若槻礼次郎《わかつきれいじろう》首相に『勝手な動きをするな』と厳しく注意され、南次郎《みなみじろう》陸相は、『あいつらを止めねばまずいことになる』と悟りました。そこで参謀本部の作戦部長建川美次《たてかわよしつぐ》少将を派遣してこの謀略を止めようとしたのです。

ところが派遣された建川は、関東軍の幹部と意を通じてもいまして、まあ、本気で説得するつもりだったのかは怪しいものです。飛行機で行けばいいのに、わざわざ列車で下関まで行って関釜《かんぷ》連絡船で大陸に渡っている。

やっとこさで奉天に着いた建川を出迎えたのがほかならぬ板垣大佐。挨拶もそこそこに、二人はそのまま料亭菊文に出かけて酒を飲み始めた。建川は大の酒好き、これに対する板垣のあだ名も午前様。午前にならないと盃を放さないという酒豪です。最後は建川が酔い潰されてしまった。関東軍は二人が飲んでいる間に柳条湖付近で鉄道を爆破したんです」

陛下にとっては初めて聞く話が多かったようで、「**私の読んだ本に書いてあることとは違いますね**」ともおっしゃる。それで私たち三人は「えっ」となった。半藤さんは「陛下はどういう本をお読みになったのでしょうか」とすかさず聞いた。こういう質問をずばりとできるのはいつも半藤さんだった。陛下よりも三歳年長ということと、長年の経験ゆえだろう。陛下がすっと立ち上がった。

「では、私の読んだ本を書庫から持ってきます」

突然、部屋を出て行った陛下の行動に驚いている私たちに、美智子さまは雑談の相手をしてくださった。

「書庫は遠いのですか。どういう書庫なのでしょうか」と私が尋ねると美智子さまは、

「いえ、陛下がよく読む本は、書庫とは別のところに置いてあるんですが……」

とおっしゃる。陛下が不在だったのは十分くらい。やはり書庫で本を探したようだった。

「この本なんですよ」

と渡された本は厚手のハードカバーの古めかしい本だった。しかし、著者を見てもピンと来ない。半藤さんに「この人、知ってますか」と聞いたら、「知らないな」という。奥付を見てびっくりした。「昭和八年」とあるのだ。事変からまだ二年後、言論統制は太平洋戦争の時ほどではなかったとはいえ、事変の真相を書けるはずがない。しかし陛下は、

「私はこれを読んだんです」

とおっしゃる。正直なところ、私も半藤さんもあっけにとられた。内心では「満洲事変について戦後に書かれた本はたくさんあるのに、どうしてこの戦前の本をお読みになったのだろう」という疑問が湧いた。

「陛下、この本は今出ている満洲事変の本とは、事変に対する理解がまったく違います。この本はまだ軍の謀略だったことを隠しています」と半藤さんが言った。私も続いて「戦前のこの段階から研究が進み、今は真相とともに詳細な事実が次々と明らかになっていま す」と申し上げた。

「田中メモランダムは誰が書いたんですか」

すると陛下はあっさりと「**そうでしょうね**」とおっしゃる。私たちの反応に驚いた様子はなかった。予想していたのだろうか。ではなぜわざわざあの本を持ち出されたのだろうか。両陛下は、新聞も読み、テレビも自由にご覧になって、本も自由に入手できる環境におられる。たまたま陛下の手の届くところにあったこの本を読まれ、その内容に疑問を感じ、気安く聞ける相手に見せて確認したかったのだろうか。

「**それでは満洲事変は関東軍が仕掛けた謀略という理解でよろしいのですね**」

と陛下は私たちに確認された。それで間違いありませんと私たちは答えた。ここで満洲事変の話はいったん終わったのだが、その次の三回目の懇談（二〇一四年十一月八日）の際、陛下の関心はさらに意外なところに向かっていることがわかった。

「ところで、『田中メモランダム』とはどういうものだったのでしょうね」

田中メモランダム（田中上奏文）とは、一九二七（昭和二）年に当時の田中義一《たなかぎいち》首相が昭和天皇に極秘に送ったとされる偽書だ。「支那を取るためにはまず満蒙（満洲と内蒙古）を取り、世界を取るためにはまず支那を取れ」と書かれ、満蒙征服の計画を具体的に示していると宣伝された。つまり日本の「満蒙侵略計画」であるかのように読める文書だが、この文書の存在を知る人はかなりの昭和史通だろう。

一九二九（昭和四）年十二月に中国の雑誌「時事月報」に掲載されたのが最初で、その後米国に流布された。東京裁判でも持ち出され、真偽が論争になったことはあるものの、すでに死亡していた山縣有朋が登場するなど誤りや矛盾点がいくつもあり、現在では完全なニセ文書だと確定している。

陛下はむろんこうしたことはご存じの様子だったが、

「けっきょく誰が書いたのですか」

と尋ねられた。

「石原莞爾は関与しているんですか」

誰が作ったものかはわからない。

半藤さんは、田中メモランダムは偽書ではあるものの、「当時の日本の雰囲気をよく表した内容ではあったと思います」と話した。私は「推測ですが、ベースとなったメモ書きなどは日本側から流れたのかもしれません」と申し上げると、陛下はさらに関心を深められ、

「そのベースとなったメモ書きなどは誰が作ったんですかね」

と問われた。

「いろんな説があります。政友会の田中義一に対抗していた民政党の息のかかった人たちによるものとする説、血気にはやる将校が意図的に撒いて中国を刺激しようとしたとする説、あるいは中国の謀略機関の捏造による文書などいろいろありますが、現在も判然としません」

私はこんな説明をした。

それでも陛下は納得されないご様子だったので、「実は、田中メモランダムをつくったメンバーとして、張作霖爆殺事件に絡んだ河本大作大佐など日本の軍人の名を挙げる人もいますね」と話した。実証されているわけではないが、そういう推測をする人がいるのは事実だったからだ。すると陛下はさらに興味を持った様子で、

「石原莞爾はそういうところでも関与しているんですかね」

とお聞きになったことに、正直なところ私たちはかなり驚いた。半藤さんは「石原は関東軍参謀でした。最前線で満洲事変に深く関係していますから、少なくともそういうことを考えない人物ではありません。ただ、石原が書いたと断言できる証拠はありません。専門家の研究でもやはり中国側による謀略文という説が有力です」と伝えた。

それでも陛下は納得されないご様子で、**「そうなんですかねえ」**とあいまいな言い方をされた。半藤さんは少し言い訳のように、「ただ、私もすべての仮説を綿密に検証できているわけではありません」とつけ加えた。私も似たようなことを言い添えた。すると陛下は**「お二人とも忙しいんですね」**とおっしゃった。

半藤さんとは両陛下との懇談の後、時間があれば「反省会」をしてお互いの記憶を確認するのを定例にしていたが、この日の陛下の反応に私は驚きがなかなか冷めやらず、「今

毎日新聞社『一億人の昭和史』より

仙台の歩兵第四連隊長時代の石原莞爾大佐（昭和９年）。

日は田中メモランダムの話の密度が濃かったですね」と言うと、半藤さんも「なぜあれほどお聞きになるんだろうと思うぐらいに聞かれたなあ」とうなずいた。

石原莞爾と田中メモランダムを結びつける発想は一般にはない。当時、対中強硬派で売り出し中の奉天総領事吉田茂《よしだしげる》（後の首相）と結びつけるならまだわかるくらいだが、石原はまだ陸軍大学教官から関東軍に赴任する前だったからだ。もしかすると石原のかかわりについては、陛下は何か核心的なことを誰かから聞いていて、もっと調べてはどうかと私たちにうながしたのではないかと思えるほどの熱心さであった。私は改めて調べてみようと思った。

石原へのこだわりは昭和天皇の影響か

田中メモランダムの真偽が最も公に議論されたのは東京裁判の時だから、その時のご記憶や後から学ばれたことがあったのかもしれない。東京裁判の判決は一九四八（昭和二十三）年十一月。A級戦犯七名の処刑は、翌十二月二十三日、陛下十五歳のお誕生日当日に行われた。当日はお祝いの予定がキャンセルになったとヴァイニング夫人は著者『皇太子の窓』に書き残している。

満洲事変等の責任を問われた板垣征四郎はこのとき処刑され、関東軍司令官だった本庄繁は敗戦から三カ月後の十一月二十日に自決していた。石原莞爾は満洲事変後、日中戦争拡大に反対し、さらに東條英機《とうじょうひでき》陸相を批判して現役を追われていたため東京裁判で戦犯指定を免れたが、昭和天皇の戦争責任を問う声がやまない中で、石原のことは陛下も子供の頃から、あるいは「親子の会話」の中で聞かされていたと考えるべきかもしれない。

文藝春秋写真資料室

エリザベス・ヴァイニング夫人は1946年から4年間、皇太子殿下（当時）の家庭教師を務めた。

昭和天皇は、満洲事変の直前から軍上層部には軍紀を守るよう注意を与え、事変後も一貫して若槻首相や南陸相、金谷範三《かなやはんぞう》参謀総長に不拡大方針を守るよう伝えていた。にもかかわらず軍はその意向を無視して暴走を続けたのである。

昭和天皇は事変当時三十歳。軍全体に若き天皇をあなどり、事実を伝えなくていいという風潮があったのは事実だ。事変勃発後も事実は伝えられず、それゆえ昭和天皇は日本の謀略であることを疑いながら、関東軍に「朕深ク其忠烈ヲ嘉ス」と勅語を出し、凱旋帰国した本庄や石原らに謁を賜っている。いわば満洲事変を追認しているのだ。

陛下の本当のご関心

陛下の問いかけの仕方は、決してご自分の関心や見方を明らかにしない。あくまで「どう考えていますか」といった感じでニュートラルな姿勢で問いかけられる。そしてめったにうなずかない。これは、やはり風格のある帝王教育の賜物なのだろうと思った。ただ、気になるところは粘り強く、言葉は悪いがしつこくお聞きになる。それでこちらは次第に陛下の本当の関心がわかるということがよくあった。

陛下は昭和天皇のことを「先帝」と呼ばれる。陛下の問いかけには「先帝は拡大を望まないのに、どうして満洲事変は拡大していったのか」という本質的な疑問が隠れていることが私たちにもよくわかった。満洲事変は親子二代にとって痛恨の極みに違いない。

同時に、陛下のさりげない一言が重要な意味を持つことも次第に理解できるようになった。冒頭に語られた「なぜ民主主義が根付かなかったのか」というお言葉について私が後になってから思い出したのは、以前、ヴァイニング夫人が英語の授業で用いた『ゼイ・ワー・ストロング・アンド・グッド』など十数冊の副読本をアメリカから取り寄せて読みながら、皇太子時代の民主主義教育について発見したことだった。

これらの副読本にはアメリカの民主主義の歴史が書かれていた。

陛下は学習院中等科時代に「民主主義は最上の政治機構である」という英作文を書いて夫人を感心させたというエピソードがある（『皇太子の窓』）。夫人が感心したのは、陛下の言葉の選び方が抽象的なものではなく、民主主義とは政治的な制度をつくり、それを機能させることだと理解していたことがうかがえるためだった。

この事実を思い出した時、私は陛下のご質問に適切な答えを返せなかったことを恥ずかしく思った。

「先帝は英語がわからなかったと思いますよ」

戦争末期になっても軍部は戦争継続を主張していたが、昭和天皇のご聖断があってポツダム宣言受諾が決まったことが知られている。その判断材料は何だったのかというのが、半藤さんや私のような昭和史研究家の長年の謎の一つだった。その答えの一つとして長年信じられてきたのは、昭和天皇自身が外国の短波放送を聴いていたという説だった。

終戦間際、日本政府は「国体護持（天皇制の維持）」を念押ししてポツダム宣言受諾を連合国に伝える。ところがその念押しが仇となり、ジェームズ・F・バーンズ米国務長官から返ってきたのは、「天皇は連合国軍最高司令官に従属する（subject to）」という戦後の天皇の位置付けの確認だった。このsubject toをどう解釈するかで日本側は大議論になる。外務省は、その意味を「制限の下に置かれる」と穏便に翻訳。しかし陸軍は「隷属する」と極端な意味に翻訳して再び受諾拒否を唱えた。

阿南惟幾《あなみこれちか》陸相は昭和天皇に会ってバーンズ回答をめぐる懸念を伝える。しかし昭和天皇は阿南をなだめるように「もう心配しなくてもよい。自分には確証がある」と言った。半藤さんが書いた『日本のいちばん長い日』の名場面のひとつだ。

昭和天皇自らがアメリカの短波放送を聴いていたという説は、戦後すぐに宮内庁御用掛（天皇の通訳）の寺崎英成《てらさきひでなり》が御用掛日記に書いているが、傍証がなかった。

三回目の懇談は、ちょうど『昭和天皇実録』が奉呈された頃だったので、半藤さんは『実録』には、短波放送のことが書いてないんです」と陛下に申し上げた。

すると陛下は、あっさりとこうおっしゃった。

「先帝は英語がわからなかったと思いますよ。フランス語は学習院初等科時代から学んでいたので、ある程度はわかるとおっしゃっていましたが、英語はまったくわからなかったはずです」

これには私も半藤さんも驚き、「本当ですか」と聞き返した。「若い頃は多少は習う機会があったのではないですか」と尋ねると、

「いや、それはもう先帝は英語はまったくわからないと思いますよ」

と断言される。

そしてもう一つ、長年信じられてきた説があっさりと否定されたことがあった。それは「拝聴録」の存在だ。「拝聴録」とは、「独白録」とは別に、戦後、昭和天皇に聞き取りを

した記録で、「入江相政日記」などには触れられており、宮内庁内に秘匿されていると信じられてきた文書である。ところが『実録』には、引用元として「拝聴録」が明示されなかったことから、半藤さんが「残っていないのでしょうか」と確かめたところ、

「**ないと思います。私は知りません**」

と陛下は断言された。

陛下は嘘をおっしゃったり、隠そうとされたりする方ではない。あるいは、いずれかの時点で処分されたのかもしれない。昭和史研究者としては、今も宮内庁のどこかに秘蔵されているのではないかという望みを捨てきれないでいる。

陛下と美智子さまの違い

二回目の懇談の時、病気のことがひとしきり話題にのぼったことがある。きっかけは、私が小用に立った際、半藤さんが「保阪君は初期だったけれど前立腺がんをやったんですよ」と伝えたことからだった。

トイレから戻ると美智子さまは、

「あら、保阪さんは前立腺がんをおやりになったの」

「どんな治療をなさったの」

とお聞きになった。

陛下も十年ほど前に同じ病気の治療をなさっていたので、ご関心があるのだろうと思いながら、私は自分が選んだ放射線治療のことなどを話した。

すると美智子さまは、

「陛下も前立腺がんをなさって……ホルモン療法でした」

「ホルモン注射は、骨をもろくするから転ばないように気を付けています」

と打ち明ける。その横で陛下はほほえみながら相槌を打たれていた。

これは六回目の懇談（二〇一六年六月十四日）の時の話だが、半藤さんの体調がよくなかったことがある。腰に帯状疱疹ができて、一カ月ほど入院し退院したばかりだった。

両陛下には久しぶりにお目にかかる機会だったので、陛下がご親切に「**お変わりなくお過ごしですか**」とおっしゃり、半藤さんが「元気と言えば元気ですが、最近、帯状疱疹をやりまして」と苦笑しながら答えた。

すると美智子さまはすぐ、

「それは大変でしたね。実は私は三回もやったんですよ」

と話に加わられた。そのうちの一回は、一九九四（平成六）年のフランス・スペインご訪問の時とのことで、

「例えばテーブルに着く時など、痛いのをずっとがまんしていました」

「大変痛かったですけれども我慢して。外から見ればわからなかったと思います」

と率直におっしゃった。陛下は美智子さまの話に「そうね」と相槌をお打ちになる。

ご訪問の記録によれば、フランスではエリゼー宮で大統領主催晩餐会、スペインではサルスエラ宮で国王王妃両陛下主催晩餐会に出席されたほか、両国の大統領や首相主催の午餐会などに計五回も出席されている。

半藤さんは「命にかかわる病気じゃないんですが、座って原稿を書かなければならない身にはつらくて大変でした」と顔をしかめた。

「初めて飛行機で寝ました」

帯状疱疹は、過労やストレスなどで免疫が低下したときに発症しやすい病気だ。半藤さ

んは率直に、「陛下はこういう病気にはご経験はないのですか」と聞いた。

するると陛下は笑顔になられて、

「私はそういう病気は大丈夫なんですよ」

とおっしゃった。

私には陛下のこの言葉がとても印象に残った。やはり生まれながらの皇族は違うのかと。美智子さまは三回も経験なさり、皇后雅子さまもなったことがある。あらゆる場面で国民の目にさらされる皇后、皇太子妃のご負担は想像を絶するものだ。

二〇一四年の暮れ、美智子さまがベルギー元王妃の葬儀にお一人で出席され、ご帰国直後にお目にかかった際には、

「初めて飛行機で寝ました」

と正直におっしゃっていた。

私は、やはり陛下はご自由があると思った。それは時と場合に応じて象徴天皇という立場と明仁という個人を自由に行き来できるという意味である。公の場では、常に国民の象徴としての振る舞いを求められ、それにふさわしい言動を厳しく求められるが、プライベートの場に戻れば、いつでも明仁個人に戻ることができる。

これは、父昭和天皇のあり方とは大きく異なる。元首であり大元帥陛下であれと求められた裕仁は、天皇と一体化するほかなく、個人としての裕仁の存在は一切許されなかった。それに対して天皇と明仁は一体化しても、おそらく不自由はそれほどお感じになっていないのではないか。「君主の昭和天皇」、「民主の平成の天皇」とも表現できるのではないかと思えた。

これが両陛下に六回お目にかかって感じた印象である。渡邉允さんがご存命なら、「八時間天皇」の表現の拙《つたな》さは詫びつつ、人間天皇という側面を理解していくと本質はそれほど大きく間違っていなかったのではないかと伝えるだろう。今ではそう考えている。

（初出「文藝春秋」二〇二三年一月号）

続・平成の天皇皇后両陛下大いに語る

両陛下に大本営地下壕をご案内いただく

「ここで終戦の会議が開かれたんですね」
陛下は笑顔で言い添えた

宮内庁提供

皇后陛下82歳のお誕生日に公表されたお写真

宮内庁提供

宮内庁が公開した大本営地下壕の写真

「この前、悠仁と散歩しました」

御所は吹上御苑という巨大な森の中にある。

御濠によって都心のビル街と隔絶された森には、天皇陛下のお住まいである御所のほかに、宮中祭祀が行われる宮中三殿や、上皇陛下の母良子《ながこ》皇太后のお住まいだった吹上大宮御所などが点在する。

そういった皇室の建物も、巨大な森の中にあってはごく小さな存在だ。昼なお暗い森の中には、小高い丘や深い谷があり、見上げるほどの大木もあれば、室町時代に掘られた道灌濠と呼ばれる濠もある。周囲から隔離され生きのびた武蔵野の在来種や、なぜ存在するのかが不思議な、海辺や外来の生き物が豊かな生態系を形づくり、カワセミやオオタカ、タヌキ、ハクビシンといった都会には珍しい動物、ゲンジボタルやベニイトトンボ、カブトムシやクワガタといった昆虫が数多く棲息しているといわれる。

二回目の懇談となった二〇一三年九月十日夜も、御所の応接室からは虫の音がよく聞こえた。

「ずいぶん虫が鳴いているんですね。ここは本当によく聞こえますね」

半藤一利さんが、向かいのソファにお座りの天皇陛下と美智子さまに申し上げると、陛下は虫の音を聞き分けながら、その虫の名前をいくつか解説してくださった。

「この前、秋篠宮のところの悠仁《ひさひと》が来たんですよ。この辺をいっしょに散歩しました」

陛下は悠仁さまと二人だけで、虫が鳴く森の中を歩き、虫の種類などを教えたらしい。

この年の春、悠仁さまはお茶の水女子大学附属小学校に入学され、九月六日に七歳になったばかりだった。お誕生日に合わせた報道では、「皇居にも度々訪れ、バッタやチョウを入れた虫かごを両陛下に見せながら話をされた」（読売新聞二〇一三年九月十五日付朝刊）と近況を伝える新聞記事もあった。

「悠仁は虫に興味を持って、『これは何という虫？』とよく聞くんですよ。私はすべて教えました。子供っていうのはかわいいものですね。本当にかわ

宮内庁提供

13歳のお誕生日を前に、ブータン国プナカの水田にて撮影された秋篠宮悠仁親王殿下（2019年8月）。

いい」

陛下はそうおっしゃった。

「夜に歩かれたのですか」と聞くと「そうですよ」とにこやかに答えられる。

おそらく私たちが今いるのと同じくらいの午後八時前後に、お二人で虫の鳴き声を聞きながら歩かれたのだろう。陛下とお孫さんが二人きりで虫の音に耳を傾ける姿を想像するだけで、うれしくなった。

応接室はテラス戸を開け、網戸にしていた。陛下は耳を網戸の先の庭に向けて、

「今日も虫がよく鳴いている」

とおっしゃりながら、しばらく虫の音を楽しんだ。

陛下は「悠仁」と孫のことを呼んでいた。悠仁さまが陛下のことをどう呼ぶのかは聞きそびれてしまった。やはり御所言葉の伝統にのっとって「おじじさま」、皇后さまのことは「おばばさま」と呼ばれるのだろうか。これは私の想像に過ぎないが、そんな伝統にはしばられない、世間と変わらない祖父と孫の関係に近いのではないかという気がした。陛下は悠仁さまのことを「かわいいんですよ」と繰り返しおっしゃった。孫を思う気持ちとして「かわいい」と感情を抑制することなく素直におっしゃったことが、私たちには印象

に残った。

「タヌキが出て来て危ないんです」

今思い返すと畏れ多いことなのだが、この吹上御苑を両陛下に案内していただいたことがある。きっかけは、二〇一四年十二月十九日の四回目の懇談の折、終戦時の御前会議の話が出て、半藤さんが「あの防空壕は、今はどうなっているのでしょうか。一度、見てみたいのですが……」と申し上げたことだった。防空壕とは、昭和天皇が終戦のご聖断を下した御前会議が開かれた「大本営地下壕」（御文庫《おぶんこ》附属庫）を指している。

陛下はこうおっしゃった。

「だいぶ朽ち果てて、中に入るのは難しいようです。いきなり入ると天井が落ちてきたり、タヌキが出て来たりして危ないんです」

半藤さんは、月刊「文藝春秋」の編集部員だった一九六五年に『日本のいちばん長い日』を書いて、一九四五（昭和二十）年八月十日と十四日の二回にわたり開かれた御前会議の舞台裏と、その一方で秘かに進んでいた陸軍強硬派のクーデタ計画（宮城事件）のことを、当事者の証言をもとに戦後初めて明らかにした。その半藤さんも皇居の中にある大本営地下壕はまだ見たことがなかった。執筆した当時は、地下壕の情報さえほとんどなく調べるのに苦労したらしい。

私たちは陛下の返答をうかがって、「そうですか、それは残念です」とだけ言ったが、陛下は半藤さんのリクエストを覚えていてくださったようで、私たちは次回の懇談時に驚かされることになる。

「ここで終戦の時の会議が開かれたんですね」

その懇談は二〇一五年二月二十二日に設定された。前回は師走の十九日、今度は両陛下が大変お忙しいお正月を挟んですぐだったので驚いた。

それには理由があった。事前に宮内庁から、

「吹上御苑の梅を見ていただきたいので、運動靴を履いていらしてください」

と連絡があったのだ。皇居で梅見とは何とぜいたくなことかと思った。このときは半藤夫人の末利子さん、東大教授の加藤陽子さんもいっしょだった。

午前十時四十分にホテルグランドアーク半蔵門で待ち合わせ、宮内庁の車で御所に向かい、午前十一時過ぎにはいつもの応接室で両陛下にお目にかかった。昼食をごいっしょさせていただいた後、三時くらいまでいつものように懇談が続いた。

「梅を見に行きませんか」

陛下がそうおっしゃったので、両陛下と私たち四人は御所から外に出た。

その日は曇り空の寒い日で最高気温は８℃。枯葉が積もるむき出しの土を踏みしめながら歩いていくと、日陰にはところどころ霜が残っていた。「運動靴で」と言われた意味がようやくわかった。

陛下が最初にご案内くださったのは、明治天皇が一八八八（明治二十一）年に梅花観賞のために建てた寒香亭という瀟洒な和風建築だった。小高いところに立つ亭からは、紅梅の梅林がよく見えた。大正天皇や昭和天皇もここで梅をよく見ていたに違いない。

大正天皇は「寒香亭」と題した漢詩を残している。

寒香亭
園林春は浅し　雪余の天

剪々風来たって　鳥語伝う
好し　是れ寒香亭子の上
梅花相対して　神仙に似たり

この詩の情景は、まさに私たちの目の前に展開していた情景そのものだ。寒香亭に入ると、陛下自ら匠の建築技術について説明された。

「この建物の雨戸は直角に曲がるんですよ」

雨戸に細工がしてあって、角に来るとくるりと九〇度向きを変えるのだ。私は、たまたま元老西園寺公望の別邸「興津坐漁荘《おきつざぎょそう》」（静岡市）で同じ細工を見たことがあったので、その職人技を知っていた。

寒香亭の後も両陛下と私たちの散策は続いた。

陛下と美智子さまは並んで先を行かれた。その足は意外なほど速く、ぐんぐん進まれるので、こちらが油断していると置いて行かれてしまう。同行した宮内庁職員と話をしながら歩いたこともあるが、お二人に付いて行くのが精いっぱいだった。そのうちに道から外れ、枯芝が広がるところに出た。両陛下は歩き続ける。行き先はおっしゃらない。御所からは離れていく方角だった。私たちは「どこに行くのだろう」と思いながら付いて行った。

「今はタヌキが住んでいるらしいですよ」

枯芝の先に古い、いかつい重厚な建物が立っていた。陛下はそこまで来てようやく、

「ここですよ、この前のお話に出ていた防空壕の入り口は」

と教えてくれた。草木に覆われた向こうにコンクリートの壁と鉄の扉がわずかに見えた。私と半藤さんは顔を見合わせて、両陛下のお心遣いに感謝した。

陛下は私たちに向かって、

「ここで終戦の時の会議が開かれたんですね。今はタヌキが住んでいるらしいですよ」

そう笑顔で言い添えた。

陛下にうながされる形で、私たちは防空壕の入り口に近寄った。分厚い鉄とコンクリートで作られた建造物であることは一目でわかった。鉄の扉を触り、鉄格子越しに中を覗いてみたが、その奥がどうなっているのかは暗くてまったく見えなかった。

戦争末期、長野県の松代で大本営移転のための工事が進められたが、それ以前に皇居内

に会議ができる大本営の防空設備が必要だとなり、陸軍築城部が建設したのがこの大本営防空壕だった。昭和天皇が空襲を避けるために使われていた住居兼防空施設「御文庫」と地下通路でつながっているので御文庫附属庫とも呼ばれる。この二つをつなぐ地下道は、今はどうなっているのだろうと私の関心は深まった。私たちはしばらく滞在した後、防空壕の草むす周囲をぐるりと回って御所に戻った。

宮内庁はその年の八月、戦後七十年の終戦記念日直前にこの防空壕内部の写真を公表した。御前会議が開かれた会議室の床も壁も朽ち果てていたが、爆弾が落ちても崩れないように梁を格子状に巡らせた、特徴的な台形型の天井は、白川一郎画伯が御前会議を描いた絵画そのままの姿だった。御文庫からの地下通路の写真も公開されたが、土砂ですっかり埋もれてしまっていた。

戦後の大きな節目に合わせた防空壕の公表は、以前から決まっていたことなのかもしれない。ただ、もしかすると、半藤さんが「見たい」と申し上げたことをきっかけに両陛下が公表を考えて下さったのかもしれないとも思えた。防空壕の写真が公表された時、半藤さんが興奮しながら、「お話ししてみるものだなあ」とつぶやいたことが懐かしく思い出される。

「岡部さんというのは骨のある方ですよ」

この大本営地下壕に関しては、岡部長章《おかべながあきら》という昭和天皇の侍従のことを思い起こさざるを得ない。私は『秩父宮　昭和天皇弟宮の生涯』（中公文庫）を書くときに取材で会って親しくなり、十五年余にわたって交友を続け、宮中に関する具体的な内情を教わった。京都の伏見に住んでいたので東京に来たときにはわが家に泊まってもらったこともあった。

岡部さんは、岸和田藩最後の藩主岡部長職《ながもと》（大正時代の枢密顧問官）の八男で、長兄長《なが》景《かげ》は東條内閣の文部大臣、三兄長挙《ながたか》は朝日新聞の村山家に養子に出て社長を務めた。私との交友は、岡部さんが一九九六年に亡くなるまで続いた。

岡部さん本人は東京帝国大学で東洋史を学んで帝室博物館に入り、宮内省内の異動で一九三六年から侍従となった。終戦の翌年には退職して学者に転じたが、終戦直前の八月九日、十一日、十三〜十五日には当直勤務だったから昭和天皇の御側にあって歴史の重要な目撃者にもなった。

終戦前年の一九四四年までは、御文庫と大本営地下壕を結ぶ地下通路はまだなかった。

昭和天皇は地下壕に行くために、いったん外に出て車か、それとも歩いて向かわなければならない。岡部さんは一九四二年のドゥーリットル爆撃で自宅が被害を受けた経験から、本土爆撃の本格化も予想して連絡通路の必要性を感じていた。だが、補強工事を担当していた侍従職庶務課長の小倉庫次《おぐらくらじ》や内庭課長の入江相政らは、空襲のリアリティを感じた経験がなかったせいか工事を縮小しようとしたので危機感を抱いたと、著書『ある侍従の回想記　激動時代の昭和天皇』（朝日ソノラマ）で書いている。

そこで岡部さんは、侍従長に就任したばかりの藤田《ふじた》尚徳《ひさのり》（海軍大将）に直訴した。そのときのことを前掲書でこう振り返っている。

〈藤田侍従長を御文庫の入り口までご案内してきて、私がこれまで抱いていた思いを切り出してみました。

「大本営築城部が作った一〇トン弾に耐える立派な防空壕がありますが、この吹上の御文庫からそこまで御料車でお出ましになると、少なくとも五分以上はかかります。せめて艦載機の銃撃に耐えるぐらいの地下道を作っておかなければ、いざという時にお出ましを願えぬことも起こり得ます。地形から見ても、御文庫のこの入り口から、すぐ地下へ入る階段を作り、それからは緩い傾斜で大本営壕に連絡できます。しかしながら、今は鉄の資材が得られますまい。それでも、せめて赤松丸太の炭鉱の坑道のようにでもして、爆撃には耐えられるものができると思います」

と説明しました。

私の言葉を、藤田侍従長はひとつひとつうなずきながら、黙って聞いて下さいました〉

藤田は、自分だけの安全をはかりたくないという昭和天皇を説得し、一九四五年七月に一三五メートルの地下通路が完成する。そして昭和天皇は、ポツダム宣言受諾を決めた八月十日と十四日の御前会議に出席する際、この通路を通って御文庫から大本営地下壕に向かったのであった。

「あら、岡部さんをご存じなの」

この岡部さんの思い出が話題に出たのは、二〇一四年十一月八日の三回目の懇談のときであった。まだ半藤さんが地下壕の話題を出す前のことだから、あのときなぜ岡部さんの話になったのか記憶にないのだが、私が「岡部さんのことはよく知っていて、個人的なお付き合いをさせていただきました」と申し上げたら、美智子さまが驚いたように、

「あら、岡部さんをご存じなの。私はあの人に思い出があるんですよ」

とおっしゃる。

美智子さまが皇太子妃になられた時には、岡部さんはもうすでに退職して歴史研究の道に戻り、京都外国語大学教授などを務めていたが、美智子さまは、

「岡部さんは立派な方でしたよね」

と懐かしそうに振り返った。

「歴史はスカッとするためにあるわけではない」

美智子さまはある年、旧奉仕者の会で岡部さんにお会いになったという。その会の席で皇宮警察出身の人が「最近、平泉澄《ひらいずみきよし》先生の本を読んでスカッとした」と大きな声で言ったら、別のテーブルに座っていた岡部さんがその人に向かって注意したことがあったらしい。

「岡部さんはすっと立ち上がって、その皇宮警察の人に対して、『君、歴史というのはスカッとするためにあるわけではないし、スカッとするために読むものでもない。多くの人

が苦労して作り上げてきたのが歴史なんだ』とおっしゃったんです。私はあの言葉を聞いた時に岡部さんは実にいいことを言うなと思って、私のほうがスカッとしましたよ」

と笑顔を見せながらおっしゃった。そして、

「岡部さんというのは骨のある方ですよ。私は本当に岡部さんの言う通りだと納得し、立派な方だと思いました。保阪さんはいい人とお知り合いだったんですね」

ともおっしゃった。

平泉澄は東京帝国大学の日本中世史の教授だが、皇国史観を説き、一九三四（昭和九）年以降、陸軍士官学校、砲工学校、陸軍大学校、海軍兵学校、機関学校、海軍大学校などで講演し、戦時中の特に陸海軍の青年将校に大きな影響を与えた人物だ。

平泉が説いたのは、端的に言えば「昭和の軍人は維新の志士たれ」「天皇のために命を捧げることは美しい」ということである。一九四三年に刊行した『天兵に敵なし』では次のように説いた。

〈もし日本人がすべて日本国のために生命を捨てるという精神になり、臣民ことごとく陛下の御ために生命を捧げ奉るならば、この道徳が確立しているならば、外国を懼れる必要

が何処にあるか。今日もっとも重大なるものは日本の道徳を確立することである。人をして親のために死なしめよ、臣をして君のために死なしめよ、この道徳さえ確立しおれば少しも外国を懼れる必要はない、そのために吾々は全力を挙げて道徳を確立しようではないか。これが先生（吉田松陰のこと）の獄中において説かれるところであります〉

こうした平泉の教えに影響を受けた陸軍の省部の中堅将校が、昭和天皇のご聖断が下っても諦めきれず、終戦間際の八月十四日から十五日にかけて起こしたのが宮城事件だったのである。

御文庫に現れた青年将校の思い出

岡部さんは先の著書の中で、十四日の午後三時頃、皇宮警察の制止を振り切って御文庫までやって来た、近衛師団の一人の青年将校と対峙した思い出を語っている。

「ひょっとすると反乱の前触れでは」と感じた岡部さんだったが、「一応会っておいて、相手の気持ちをなだめておくほうがいい」と考え、御文庫の入り口で対応したという。

〈下で待っていた青年将校は緊張してバネ仕掛けの人形のように挙手の礼をします。入り口の段上から地の利を占め、私も挙手を返しました。

「ご用件は」

と尋ねると、

「枢密院の会議があると承りますが、お上のお出ましになるのは何時でありますか」

と思いがけない質問が飛び出してきました（近衛師団の将校は、宮内官なみの用語を用いることを初めて知りました）。（略）

「お出ましになる場合には、直ちにご連絡いただけますか」

と再び通常では考えられないような問いを出すのです。このへんで切り上げなければと思い、

「今、侍従は私ひとりですので、手が回らずすぐに連絡できるかどうかは分かりません。しかも、いつ敵が吹上御苑内に落下傘で降下しても不思議はない状況です。そうなれば近衛の方々に来ていただかなければ、文官の私では何ともなりません。その時は、こちらから進んでご連絡したいのです」

と、私の抱いている心配に基づいて答えました。

その答えに感動したらしく、若い将校は恭々しく挙手の礼をして立ち去っていきまし

た〉
戦後、岡部さんは、この「実にてきぱきした」青年将校のことを懐かしく思い出し、誰だったのか気になっていたと書いている。そして平成になってから近衛師団の元将校と会った際に、名前を確かめた。
〈ある参謀だということがそれとなく分かりました。自決したようです〉（同前）
その参謀の語った遺言を、私は同僚の参謀から聞いている。

陛下は何も言わずに話をお聞きになっていた

おそらく岡部さんは、こういった体験があったからこそ、「歴史というのはスカッとするためにあるわけではない」という言葉が、即座に腹の底から湧いてきたに違いない。

平泉澄の影響は戦後も続いた。一九七八年に靖国神社にA級戦犯を合祀した宮司の松《まつ》平永芳《だいらながよし》は、父慶民《よしたみ》が平泉に心服していたため、海軍機関学校受験準備中に平泉宅へ一時預けられていたことがある。松平は平泉の皇国史観に強い影響を受けていた。

むろんこのような史実をすべてお話ししたわけではないにせよ、岡部さんとの思い出話が進んでいく間、陛下は何もおっしゃらず、ただ私たちの話をお聞きになっていた。相槌も打たず、話している人の目をただ、じっと見ていた。

A級戦犯の合祀をきっかけに昭和天皇は靖国参拝をやめ、平成の時代は、天皇が在位中に一度も参拝されない初めての時代になった。

「母は私の人生の目標でした」

四回目の懇談の折り、挨拶をしてソファに腰を下ろした後、美智子さまが陛下を肘で小さくつついたのを目撃した。何かの合図かなと思ったら、陛下が、

「『文藝春秋』、読みましたよ」

とおっしゃった。

それは、その三カ月ほど前に月刊「文藝春秋」に掲載された、私の「亡き妻と私」（二〇一四年十月号）という記事のことだった。妻が亡くなったのは前年の六月だったが、編集者から依頼され、七十歳を超えてから妻に先立たれる男の悲しさを正直に書いた。妻の存在とは自分にとって何だったのかということも書いた。

陛下は、

「奥様が亡くなられて、心を落としていらっしゃると思いますが……」

と気遣ってくださった。その言葉を受けて、美智子さまは、

「保阪さん、愛する人が亡くなるということは誰にも訪れることです。心の中にはずっと生き続けています。どうか気を落とさないでください」

と励ましてくれた。

人前では泣かない私だが、美智子さまの言葉にはふと涙が出てきてしまった。感極まって下を向いて言葉に詰まっている私を見て、半藤さんが助け舟を出してくれた。

「保阪君の奥さんは実に素晴らしい人で、英語、中国語ができて、最近でもずっと語学を勉強し続けてきたんです」


「母は本当に立派な人でした」

二〇一六年六月十四日の六回目の懇談のとき、美智子さまの実家である正田家の話になり、私はふと思い出して数学者の正田建次郎氏の話をした。

「戦後、文化勲章を受章された大阪大学の正田建次郎教授は、たしか美智子さまのおじさまにあたる方でしたね」

するど美智子さまは笑顔になり、

「はい、父の兄で私の伯父なんです」

とおっしゃった。

実は、私の父は一時期、東北帝国大学で数学を学んでいたが、正田建次郎氏のことを知る機会があったらしく、一九五九（昭和三十四）年のご成婚の折には、美智子さまについて「その人の姪なんだ」と言っていたことがあった。

しばらく建次郎氏の話になり、美智子さまは、

「戦前にドイツに留学していたこともあるんです。とても頭のいい伯父でした。父には上に兄が二人いたんですが、一番上の明一郎が早く亡くなり、次の兄が数学者になったので、三番目の父が会社を継いだんです」

と説明してくださる。

よく知られているように美智子さまの父英三郎《ひでさぶろう》氏は、日清製粉創業者である貞一郎《ていいちろう》の後を継ぎ、社長、会長を務めた。社長に就任したのは終戦直前の一九四五年六月、四十一歳

のとき。日清製粉は昭和十年代までに全国にいくつも工場を持つほど発展していたが、終戦までに、岡山、宇都宮、鶴見、水戸、鳥栖の五工場が空襲で焼失し、苦境の中での登板だった。当時、母富美子さんは三十五歳、美智子さまは十歳だった。

美智子さまは母富美子さんの話をしみじみした口調でこうお話しになった。

「私の口から言うのもなんですが、母は本当に立派な人でした。寡黙でしたが、子供の教育はじめ、ものの考え方がとてもしっかりしていました。父の事業も母が陰で支えていました。

私は母を本当に尊敬していました。母に追いつこう、できれば母を追い抜くぐらいの存在になろうというのが私の人生の目標でもあったんですよ」

富美子さんは読書家で英語も読めた。

「でも結局、母を抜くことはできなかったんです。身長にしたって母を抜けませんでした」

美智子さまがこう話す間、陛下はその横で、笑顔でお聞きになっていた。

母富美子さんは昭和が終わる前年の一九八八（昭和六十三）年に亡くなった。秋篠宮（当時礼宮）は会見で、

「故人の闘病、臨終、葬式などを通し、私は母が皇室の一員である自覚を保ちつつ、同時に正田家への感謝と懐かしさをどんなに強く感じていたかを知りました」(一九八八年六月)

と語っている。

私がこうしたお話をうかがって思い起こしたのは、ご成婚後の美智子さまの皇室内での苦労だった。庶民からはうかがいしれない特別な環境の中に入って、戸惑い、悲嘆にくれることもあった時に、陰で支えたのは、やはり母富美子さんだったかもしれないと想像したからだ。

文藝春秋写真資料室

皇太子妃内定の記者会見のために宮内庁に向かわれる正田英三郎氏、富美子さん、美智子さま(五反田の正田邸前で)。

民間出身で初めて皇室に入った美智子さまは、皇族や華族から思わぬ反発を受けたと伝えられてきた。それが想像以上のものだったと私がはっきりと知ったのは、昭和天皇の末弟である三笠宮崇仁《みかさのみやたかひと》殿下に話をうかがう機会があり、驚いたことがあったからだ。

三笠宮殿下が示した「菊のカーテン」

三笠宮殿下に最初にお目にかかったのは二〇〇五年のことだった。原武史さん、吉田裕さん編集の『天皇・皇室辞典』（岩波書店）を刊行した際、私は、秩父宮、高松宮、三笠宮の項目を担当し、三笠宮の項目で東條首相暗殺計画について触れた。三笠宮は当時、大本営参謀だった。陸士時代の同期生津野田知重《つのだともしげ》から計画を知らされた三笠宮が貞明皇后に相談したために計画が漏れ、関係した将校らが憲兵隊に一斉逮捕されたという説があり、それについても書いた。

すると三笠宮家から版元に連絡があり、書いた人に説明したいというので宮邸にうかがった。

「実際、困っているんですよ。そんなことはないんですから」

殿下は自らの経歴も含んだ資料を示しながらそうおっしゃった。暗殺計画のことを資料に書くはずもないから何の証明にもならないと思ったが、公的な資料の中にそういう記述がなかったことはたしかだ。

殿下は、「誤解を解くために記事を訂正してください」と重ねておっしゃるので、「わかりました。増刷になったら取り消します」と私も、岩波書店も同意した。

殿下の口から意外な言葉を聞いたのは、それからしばらくして二度目にお目にかかった時のことだ。三笠宮殿下は古代オリエント史の歴史学者として知られ、一九五〇年代半ばからの紀元節復活（神武天皇即位の日、一九六六年に建国記念の日として復活した）の動きに対して、一研究者として反対の論陣を張った。私は『天皇・皇室辞典』の「三笠宮崇仁」の項目でこう解説した。

文藝春秋写真資料室

平成20年の新年一般参賀での三笠宮崇仁親王殿下。

〈戦後の「開かれた皇室」のあり方には賛意を示し、五九年の皇太子と正田美智子との結婚にも積極的に支援の姿勢をとった。皇族会議のメンバーとして、各皇族にも協力を要請するなど、象徴天皇制が名実ともに定着するよう主導的な役割を果たしている〉

旧体制に戻すような動きを「菊のカー

テン」という言葉で批判した殿下のことを、私はリベラルな体質の皇族だと理解していた。

皇室内の厳しい空気

ところが、目の前にいる殿下はこうおっしゃった。

「昭和三十四年の（皇太子妃を決める）皇室会議の時に、私は何も知らなかったんだ。会議に出席したら、（美智子さまに関する）資料が積んであった。岸（信介）首相が『ご異存ありませんね』と言ったが、私はその資料をまだ読んでいなかった。それなのに首相は『ご異存ありませんね。これで決定させていただきます』と言う。でも私はその後に資料を読んで、民間から妃を迎える経緯などを初めて知りました」

私はこの言葉を聞いて、「なぜ今頃、こんなことをおっしゃるのだろうか」と首を傾げた体験もある。

まだ悠仁さまがお生まれになる前の小泉政権時代、皇位継承問題をめぐり女性天皇・女系天皇の可能性をさぐる議論が盛んになった頃に、三笠宮殿下の長男寛仁《ともひと》親王殿下にもお目にかかる機会があった。その時も、民間から妃を迎えたことに批判的な話をうかがった。

寛仁親王殿下は、「民間出身の妃は皇族ではない」と繰り返し語り、

「皇統が切れてしまいそうなのは、民間から入れたからだ。五摂家の中から妃を選べばよかった」

などと以前のシステムについて口にされた。私なりの疑問も率直に質す形になった。

「殿下、そうはおっしゃいますが、皇統を守るためには女性天皇もやむなしではないでしょうか」

すると親王殿下は、

「昔は側室がいてね、次々と子を作ったけれど、今は……」

「旧皇族の中から男系男子を選べばいい」

といった話を滔々《とうとう》とされる。全体におっしゃることは実現性が乏しく、「下々の者が何を言うか」という私に対する厳しい視線も感じた。

文藝春秋写真資料室

民間出身の妃に批判的だった寛仁親王殿下（2005年11月5日撮影）。

しかし反面、長く支援を続けてきた障がい者の話題になると、「札幌で障がい者の大会があって、明日行くんだ」とやさし気な様子でおっしゃる。二面性のある方だという印象を受けた。

三笠宮崇仁殿下の義姉にあたる秩父宮家の勢津子《せつこ》妃殿下と高松宮家の喜久子《きくこ》妃殿下が美智子妃に厳しかったことは、昭和天皇の侍従長入江相政の日記などからも明らかになっている。勢津子妃殿下の母松平信子《まつだいらのぶこ》は、学習院女子（華族女学校）の同窓会組織常磐会の会長であり、ご成婚に反対していたこともよく知られている。

腑に落ちない表情で「そうですかあ」

三回目の懇談で、石原莞爾の話から二・二六事件の話になったとき、私は秩父宮殿下の評伝も書いているので、「事件を起こした青年将校の間には、秩父宮殿下をかついでクーデタを起こそうとした者もいましたけれど、事件発生時に弘前連隊にいた殿下はすぐに東京に戻って、昭和天皇をずっと補佐しました」「戦後、慶應大学とオックスフォード大学がラグビーの交流試合をやった時も尽力されました。人間天皇としての昭和天皇を側面から支援されたところもあったと思います」という話をした。

陛下は黙って聞いておられた。

私は秩父宮妃殿下に会って話もうかがっているし、資料の提供をいただいたこともあった。そういう経験をした者のひいき目もあるかもしれないと思いながらも、こう申し上げた。

「秩父宮殿下が二・二六事件に関与したとか、青年将校にかつがれる危険性があったという見解は間違いだと思っています」

陸軍中佐時代の秩父宮雍仁親王殿下。弘前連隊時代に2・26事件が発生した。

すると陛下は意外なことに、

「そうですかあ」

と腑に落ちない表情でおっしゃった。

語尾の「か」が上がった明らかな疑問を呈する言い方だった。「秩父宮さんも苦労されたようですね」といった返答を予想していた私は一気に冷や汗が出た。

懇談会の後、恒例となった二人の「反

文藝春秋写真資料室

秩父宮勢津子妃殿下（1972年撮影）。
父は旧会津藩主家出身の松平恒雄。

省会」で半藤さんも、「あのお返事は微妙だったなあ。語尾が上がっていたからねえ」と言ったことを覚えている。

秩父宮は戦時中に結核にかかり、十年以上療養して一九五三年に五十歳で亡くなっている。

昭和から平成へ御代替わりがあってまもない頃、秩父宮妃殿下にお目にかかった際、妃殿下が「あちらさまは親身の治療を受けました」とふとおっしゃった。昭和天皇のことを「あちらさま」とおっしゃるのかと心に引っかかった。夫である秩父宮は「親身の治療」を施してもらえなかったというニュアンスも感じられた。むろんこれは私の受け止め方である。

幸い妃殿下と私とは質疑応答の波長が合ったようで、

「誤解されていることがいっぱいあるんですよ。私たちが（美智子さまのことを）不愉快に思っているという人がいて困っています」

という話までされた。話に尾ひれがついて噂が広まったこともあるのかもしれない。だが、あの時も、皇族の間には時に軋轢《あつれき》が生じ、家族間に微妙な空気があることを感じた。そして今回もまた「そうですかあ」という陛下の短い言葉に、天皇家のほかの宮家への警戒感を感じずにはいられなかった。

「あら、私もキリスト教の大学なのよ」

美智子さまが皇族の一部から警戒されたのは、華族でも学習院出身でもなく、カトリックの聖心女子大学のご出身でキリスト教に親しんでいるのではないかという見方があったためでもあった。

最初にお目にかかった時に、富岡製糸場など群馬県の話題がひとしきり出たことは前回書いたが、その折り美智子さまが私に対して、

「(本籍が群馬なのに)どうして京都の大学に行かれたのですか」

と聞かれたことがある。私が同志社大学の出身であることをご存じのようだった。

「私の母親と妹がクリスチャンで、妹はキリスト教の学校に行っていましたし、聖書は小

さい時から手元にありましたので……」

と答えた。本当は京都大学の仏文科に進みたかったのだが、両陛下の前では言いにくかった。すると美智子さまは笑顔でおっしゃった。

「あら、私もキリスト教の大学なのよ」

私が「もちろん、存じております」というと、

「同志社はプロテスタントですよね」

とおっしゃる。それからキリスト教の学校の話になった。

「今でも聖書はお読みになっているの？」

という質問をされたので、

「昔は読みましたが、最近はあまり読んでいません。私はクリスチャンではありませんし、母親も妹も亡くなりましたので」

と答えた。信仰の深かった妹には、よく説教されたものだったが、早くに亡くなってしまっていた。

そのあと「美智子さまはお読みになっているのですか」と聞こうとしたが、宗教に関連することなので、とっさに「聞いてはいけない」と思ってやめた。しかしキリスト教徒で

なくても聖書は繰り返し読む価値のある書物だし、今思うとそれくらいのことはうかがってもよかったのではないかと思う。

「なぜマニラで市街戦をやったんですか」

両陛下は生前退位のご意思を示される約半年前の二〇一六年一月、国交正常化六十周年の機会にフィリピンを訪問され、ラグナ州カリラヤの比島戦没者の碑に供花された。五カ月後の六月十四日の六回目の懇談では、その関係でフィリピンでの戦争の話になった。

先の大戦では、フィリピン各地で激戦が繰り広げられ、日本人五十万人以上が命を落としている。日中戦争以来の中国方面での戦死者数を超え、戦域別の日本軍の犠牲者としては最も数が多い。食料不足による餓死者が多かったことも影響した。一方、戦禍に巻き込まれたフィリピン人は百十万人も犠牲になっている。

陛下は出発前の羽田空港で次のようなおことばを述べられている。

「フィリピンでは、先の戦争において、フィリピン人、米国人、日本人の多くの命が失われました。中でもマニラの市街戦においては、膨大な数に及ぶ無辜《むこ》のフィリピン市民が犠

フィリピン方面軍司令官の山下奉文大将。開戦時にはシンガポールを攻略し、「マレーの虎」と呼ばれた。

牲になりました。私どもはこのことを常に心に置き、この度の訪問を果たしていきたいと思っています」

懇談では、ルソン、レイテといった地名が陛下の口から出た後、マニラ市街戦（一九四五年二～三月）の話になった。この市街戦だけでフィリピン人が十万人も亡くなっていた。

「あんなにも犠牲者がいたんですね。どうして日本軍はああいった市街戦をやったのでしょうか」

とお聞きになったので、半藤さんが詳しく説明を始めた。

「あの市街戦に入る前、フィリピン方面軍司令官の山下奉文《やましたともゆき》大将の頭にも、マニラは無防備都市にしてルソン島の山中での持久戦に持ち込む考えはありました。太平洋戦争の緒戦で米軍が撤退した際、マニラを無防備にして撤退した経緯もあり、フィリピン奪還を目指すマッカーサーもフィリピンのラウレル大統領も山下が無防備都市宣言することを望んでいた。大都市マニラを戦場にすると市民の犠牲が多くなることは、山下もよくわかっていたのです。しかし身内の海軍が山下の言うことを聞きませんでした」

陸軍と海軍の対立でマニラは戦場に

海軍はマニラ港を放棄することに未練があり、ガダルカナル近海で撃沈された戦艦霧島の艦長だった岩淵三次《いわぶちさんじ》少将が、レイテ戦で沈められた戦艦武蔵の生存者らを集めて陸戦隊を組織していた。無防備都市にするには、市内にある日本軍の補給物資を運び出し、軍事施設を撤去して退避する必要がある。だがその時間は残されていなかった。山下は苦渋の選択で、マニラを戦場外に置く作戦計画を立て高地バギオに司令部を置いた。

半藤さんが続けた。

「船を沈められた負い目のある艦長らが山下の山中撤退に反対して、マニラで徹底抗戦したのです。死者が増えたのは米軍による無差別砲撃も一因でしたが、この市街戦によってマニラは破壊しつくされ、多くの市民が巻き込まれて犠牲になったのです」

「牟田口の名前は知っています」

するとと陛下は、山中に籠もった山下奉文についてお聞きになった。

「どのくらいの期間、山の中で持久戦をやろうと考えていたのでしょうか」

実際に山下がどれくらいの期間を考えていたかはわからない。私はこう話した。

「自給自足で戦おうとしていたので、一、二年はと考えていたのではないでしょうか。敗走したフィリピンの山中では食料がなく、自分たちで畑を作って作物を植えたんです。その収穫の際、部隊内で奪い合いになり、日本兵同士が殺し合うことまでありました」

陛下は驚いた様子で「そうですか」とおっしゃった。

五回目の懇談の時に、戦場での残虐行為の話になったことがある。私はこういう話を紹介することになった。

「同じ戦場でもAという部隊は残虐行為を働いたのに、Bという部隊はやらなかったということがあります。特定の戦線で日本軍が一律にひどいことをやったわけではないように思います」

陛下は興味を示されて、

「**それはどうしてそうなるんですか**」

とお聞きになった。

「けっきょく司令官の性格、人格によって兵隊も違ってくるんです。残虐行為だけではなく、指揮下の将校、兵隊の犠牲者の数も司令官によって多くなるケースがあります」

とお答えすると陛下は、

「**具体的にはどういうケースでしょうか**」

とお聞きになったので、私はこう話した。

「例えば、インパール作戦の司令官牟田口廉也《むたぐちれんや》は問題の多い司令官でした。牟田口の配下には、柳田元三《やなぎだげんぞう》、佐藤幸徳《さとうこうとく》、山内正文《やまうちまさふみ》という三人の師団長がいましたが、三名とも抗命（命令に従わないこと）の姿勢を崩しませんでした。牟田口に逆らったのです。抗命罪は軍法上最も重い罪になるのですが、あまりにも無茶な作戦で兵隊を粗末に扱う戦い方だったので、抗命せざるを得なかったのです」

陛下は、

「**牟田口の名前は知っています**」

とおっしゃった。半藤さんもこう話した。

「牟田口という人は盧溝橋事件の火付け役です。彼は盧溝橋事件から始まった日中戦争の拡大に責任を感じていました。そこでインパールを攻略して埋め合わせをしようとしたんだと思います。彼を司令官に起用したのは東條英機でした」

「その人は今どうしているんですか」

失敗を埋め合わせようとするのは軍人の心理であり、ノモンハン事件で早期解決に反対して損害を拡大させた関東軍参謀の辻政信《つじまさのぶ》や服部卓四郎《はっとりたくしろう》が太平洋戦争のときに挽回しようとした例も挙げた。旧日本軍には、「失敗してももう一回チャンスを与える」ことがあったが、だいたい二度目も失敗する。それが日本軍の宿痾《しゅくあ》となったと陛下に説明した。陛下は「あ、そうですか」と時々口を挟まれるだけで黙って聞いておられた。

話が変わって、戦後、中国から感謝状をもらった日本の軍人もいるという話を私がすると、陛下は強く興味を引かれたようでお尋ねになった。

「それは誰ですか。どんな人ですか」

一九四〇年から終戦まで中国大陸の各地で戦った陸軍機動第三連隊長の吉松喜三《よしまつきぞう》大佐のことだった。半藤さんは一九六九年、吉松さんに会って話を聞いたことがあったので半藤さんが説明した。

「吉松さんは、緑は平和のシンボルだという考えを持った珍しい軍人でした。戦闘になれば、木を切り倒し、橋にしたり、敵の銃弾から身を守るために組み木にしたりします。煮炊きのためにも使う。だから日本軍が通ったあとは何一つ残らない。これではいけないと考えた吉松さんは、戦地緑化戦と名付け、街を去る前に必ず種を撒き、樹木を植えることにしたのです」

内モンゴルの包頭《パオトウ》では公園をつくり、桜の苗木を一万本植えた。吉松さんの部隊にいた古川文吉氏は戦後こう書き残している。

〈吉松喜三連隊長の信念による日華親善の植樹は、緑に親しみ樹を増すことにより、兵員各自にも心のなごやかさが得られ、蒙古砂漠の樹木の少ない所に、沢山の苗木を植え住民にも喜ばれる一石二鳥の名案でした〉(「『興亜植樹』部隊」、平和祈念展示資料館編)

配下の兵隊たちは作業をしながら心をなごませ、吉松さんを慕うようになったという。

戦後は中国に留用され、植樹隊を続けるよう命じられた。しばらくして吉松さんに感謝状が届いた。「敵国から感謝状をもらったのは、おそらく吉松さんただ一人だと思います」と半藤さんは言った。古川氏は先の手記の中で、「(包頭の)六メートル余りのポプラの並木は今も残っているそうです」と書いている。

陛下は、

「その人は今どうしているんですか」

とお尋ねになった。

吉松さんは一九四七年に帰国し、一九五五年頃から靖国神社の境内の一角を借りてサクラ、ツバキ、イチョウの苗を育て全国の遺族に送り続けて九十歳まで生きた。だが、亡くなったのは懇談時から三十年ほど前のことだ。半藤さんは「もうずいぶん前に亡くなりました」と伝えた。この話は、半藤さんが補足して二回にわたり、詳しく話したことが私には印象深い。

「光格天皇は字がお上手でしたよ」

この懇談をめぐる回想を締めくくる前に、そもそものきっかけを作ってくれた松尾文夫さんのことに触れておきたい。私が陛下にお目にかかるきっかけは半藤さんからの誘いがあったからだが、その前に、そもそも半藤さんが陛下にお目にかかることができたのは、半藤さんと古くからの友人である松尾さんの紹介があったからだった。

松尾さんは、二・二六事件で岡田啓介首相と間違えられて殺された岡田の義弟松尾伝蔵の孫で、終戦時の内閣書記官長迫水久常の甥にあたり、しかも大本営参謀瀬島龍三の甥でもあったから、私が瀬島のことを月刊「文藝春秋」上に書いた時には、微妙な関係になったこともあった。

文藝春秋写真資料室

上皇陛下とは大学の寮のルームメイトだった松尾文夫氏（2017年6月13日撮影）。

学習院高等科三年時から大学一年生まで陛下とは寮のルームメイトだったというから、陛下のことは当然よく知っている。だが、友人としては一切表に出ないことを決めていた。口の堅い人だった。

私も秩父宮の取材をきっかけに親しくしていたので、陛下の昔話をちらっと聞くことはあった。だが、具体的な話を聞こうとすると、「いやいや、君、その話をするのは三十年早いんだよ」とかわされてしまう。陛下との思い出は一九五〇年の夏、常陸宮も含め三人で車に乗って沼津御用邸に遊びに行って以来というから積もるほどあるはずだったが、すべて墓場に持って行く覚悟だった。

陛下の友人のアイデアだった献花外交

松尾さんは共同通信で長年、外信部の記者を務め、ワシントン支局長も務め、アメリカの政治や日米・米中関係に造詣が深かった。関係会社の社長を務めた後、「ジャーナリスト復帰」を宣言し、『銃を持つ民主主義 「アメリカという国」のなりたち』(小学館文庫)といった本も書いた。

その松尾さんが晩年になって脚光を浴びたことがあった。それは安倍首相とオバマ大統領の「献花外交」の陰の立役者としてだ。

一九九五年、イギリス、アメリカの軍制服組トップと両国の大使がドイツのドレスデンを訪れ、爆撃五十周年の鎮魂の儀式に出席し、ドイツの大統領が和解を宣言する格調の高い演説を行った。第二次世界大戦のとき、英米連合軍が夜間無差別焼夷弾爆撃を行ったことが英米とドイツとのわだかまりになっていたのだが、それを解こうという試みだった。「ドレスデンの和解」に感銘を受けた松尾さんは、この日本版をできないかと考え、それを実現させるために一ジャーナリストでありながら奔走した。二〇〇五年、友人からブッシュ大統領が任命したトーマス・シーファー駐日大使を紹介してもらい、虎ノ門の大使館で面会した。そこで大使に直談判し、日本の首相がパールハーバーに行き、アメリカの大統領が広島に行って互いに献花できないかと提案したのだ。

「シーファー大使のときは実現できなかったんだけど、オバマ政権になって彼が離任する時に、わざわざ私を大使館に呼んで、『あなたの提案はとてもいいから、後任の大使には必ず引き継ぎます』と言ってくれたんだ。民主党政権に代わるというのにね。次のルース大使の時は大使本人が広島に行ってくれて、そのあとケネディ大使になって大統領の訪問が実現したんだよ」

オバマ大統領の広島訪問が実現したのは二〇一六年五月。このことが評価されて日本記者クラブ賞を受賞した時は本当にうれしそうだった。

「私は勉強したんですよ」

松尾さんは八十歳を超えて足が衰えてきていたが、日米の献花外交の実現によって意欲が駆り立てられたようで、今度は日韓の献花外交をやりたいと言って飛び回っていた。韓国にも足をのばしていたが、二〇一八年十月には、邪馬台国や初期ヤマト政権があったと見られている奈良県の纒向《まきむく》遺跡を訪ねている。松尾さんはこう語っていた。

「纒向遺跡だけでなく、桜井市近くの明日香村とか百済の影響が残る場所があれば、訪ねようと思っています。百済からの渡来人の足跡をたどってみたい。私のテーマは日本と韓国との和解実現のために、その歴史的接点を探ろうという、門外漢のドン・キホーテのような挑戦ですよ」

なぜ百済なのかと尋ねると、そこは詳しくは語らなかったが、陛下のご関心と重なるようだった。「陛下にはご報告はしている」と言っていた。

実は、両陛下との最初の懇談のとき、陛下が滔々と語られたことがあった。それは古代の朝鮮半島の歴史についてだった。高句麗、新羅、百済を中心とした、かなり詳細な古代史だ。どういう事件があって、どことどこが争って統一したかといった内容で、一般の歴史書で知るレベルをはるかに超えていた。おそらく二十分は語っておられたと思う。

半藤さんも私も朝鮮半島の古代史は詳しくない。「そうですか」「はあ、なるほど」と相槌を打つのが精いっぱいだった。どんなお話をされていたのか覚えておらず、ここで紹介できないのが残念だ。

ご関心の源には、ご自身のルーツへの関心があるのは明らかだった。かつて公の場で、そういうことをお話しになって話題になったことを思い出した。調べてみると二〇〇一年のお誕生日会見のことだった。

「桓武天皇の生母が百済の武寧《ぶねい》王の子孫であると、続日本紀《しょくにほんぎ》に記されていることに、韓国とのゆかりを感じています」

陛下から朝鮮古代史のお話をひと通りうかがった後、半藤さんも私も驚きながら、「お詳しいですね」と口をそろえると陛下が、

「**私は勉強したんですよ**」

とおっしゃったことはよく覚えている。

二〇一七年九月には、埼玉県に私的旅行に出かけられ、高句麗にゆかりのある高麗神社

を参拝された。天皇家の祖先への関心から朝鮮半島に思いを寄せておられたことは間違いないことだろう。

宮内庁から自宅に郵便が届いた

二〇一三〜二〇一六年までの六回の懇談の中で、生前退位のことはまったく触れられなかった。ご意思の表明前だから当然だろう。こちらも想像を絶することだったから、陛下が秘かに進められていることなど気づくはずもなかった。

ただ、「後から思えば」ということはあった。

三回目の懇談の時に昭和天皇は英語がわからなかったはずだという話が出たあとで、半藤さんがかなり思い切った印象を申し上げたことがあった。天皇の書に話題が移ったとき、

「裕仁というご署名は素晴らしいですけれど、普段お書きになった文字はそうでもありません。歴代天皇には、あまり字がお上手でない方もいますね」

と申し上げたのだ。

これに対して陛下が、

宮内庁提供

平成28（2016）年8月8日、天皇陛下（当時）はビデオレターを通じて、お気持ちを表明された。

「光格天皇はお上手でしたよ」

とおっしゃった。

話しぶりからするとどうも最近、史料を取り寄せて見たことがあるようだったが、その名前をうかがっても、半藤さんも私もまったくピンと来なかった。

光格天皇は江戸後期の天皇で、博学能文で政治力があり、老中松平定信《まつだいらさだのぶ》とも渡り合って、朝廷の力を回復するきっかけを作った。約半世紀後の明治維新も、光格天皇の時代に尊王思想に火が付き下地ができていたからこそだった、という見方もある。

そして、私たちが気づかなかった重要なことは、その時点では、譲位をして上皇になった最後の天皇であったという史実だった。私たちは、陛下が生前退位の意向を示され、光格天皇の話題がのぼるようになってようやく、なぜお調べになっていたのかに気がついた。

半藤さんは、「ご自身の退位をお考えだったからお調べになってたんだなあ。こっちが気づかなかったのをご覧になってどう思われてたんだろう」と苦笑いしていた。私も不明を恥じるばかりである。

最後となった六回目の懇談から二カ月後の二〇一六年八月七日、半藤さんと私の自宅に宮内庁から「午後五時着時間指定」の郵便が届いた。中身は翌八日に放送されることになるご退位についての意向を示された陛下のメッセージ全文だった。

半藤さんに「これはもしかすると、両陛下のことを少しは知る僕らに理解して伝えてほしいという意味じゃないですか」と言うと、「そういうことだよなあ」と返事が返ってきた。それから二人してメディアから声がかかれば、陛下のご意向への支持と理解を発信し続けた。

振り返って両陛下との懇談から感じるのは、陛下が「自分の代に戦争がなかった」ことに心から安堵し喜んでおられるということだった。

石原莞爾や山下奉文、そして先の戦争へのご関心の強さの裏には、「なぜ先帝は戦争を止められなかったのか」「それでも軍に対してやめろと言わなければならなかったのではないか」という父昭和天皇に対する問いかけをずっと胸の中に持ち続けてこられた長い時間があるように感じた。陛下が実際に、戦争に関して昭和天皇からどれだけ話をお聞きになったかはよくわからない。ただ、おそらく陛下は即位されてから亡き父昭和天皇と仮想問答しながら、平和に対する意志を強められたのではないだろうか。

日常の所作に「人間天皇」が表れていた

天皇として最後となるお誕生日の会見では、次のように述べられている。
「先の大戦で多くの人命が失われ、また、我が国の戦後の平和と繁栄が、このような多くの犠牲と国民のたゆみない努力によって築かれたものであることを忘れず、戦後生まれの人々にもこのことを正しく伝えていくことが大切であると思ってきました。平成が戦争のない時代として終わろうとしていることに、心から安堵しています」（二〇一八年十二月）
懇談の席で、私自身、陛下の表情から「天皇のために戦って死んだなどという戦争は二

宮内庁提供

伊勢神宮にご結婚の報告をされる皇太子殿下（当時）と美智子さま。左は神宮の神馬（昭和34年4月20日撮影）。

度としないでほしい」という言葉が喉元まで出かかっているのではないかと感じたこともあった。

そして、もう一つ実感としてよくわかったのは、皇后美智子さまへの感謝だ。美智子さまの助けがあったからこそ、自分は務めを果たすことができた、平成という時代は二人で共に行動してきたという思いだ。

生前退位のご意向を示された後、松尾さんがこう語っていたことがある。

「学習院時代の僕らの仲間の一人が最近メディアに出て、『ヴァイニング夫人と小泉（信三）さんが今の陛下を作った』なんて言っているけれど、僕は違うと思うね。やっぱりご自分の努力で今の陛下になられたんですよ」

私もまったく同感であった。

最後の懇談の日も陛下と美智子さまは、御所の御車寄せまで私たちを見送りに出てこられた。この日はいつもと違い、美智子さまが御車寄せのコンクリートの床から砂利のところまで出て、手を振って見送ってくださった。御車寄せを出た車がぐるっと回り、もう一度、両陛下の姿が見えるところまで来てもまだ手を振ってくださっていた。

吹上御苑をご案内してくださる姿、応接室で隣り合わせにお座りになる姿、食堂でお気遣いくださる姿……両陛下の日常の所作に「人間天皇」としてのあり方が組み込まれていた。約三十年かけてお二人で到達された境地ではないかと思う。

雑談を欲しておられるのかもしれない

元侍従長の渡邉允さんがヴァイニング夫人の著書『皇太子の窓』になぞらえ、「陛下の窓だった」と評した松尾さんは二〇一九年二月にアメリカで取材旅行の途次に亡くなった。半藤さんは二〇二一年一月に、そして渡邉さんも二〇二二年二月に世を去った。私も二〇二二年夏に体調を崩し、しばらく入院生活を送った。やはり懇談のことは記録として残しておきたいと強く思うようになって今回書かせていただいた。

両陛下と対話しながら、ふと陛下はこういう雑談を欲しておられるのかもしれないと何度か感じたことがある。半藤さんと私のする話は学者が行うような講義ではない。歴史を人間味を込めてお話しするだけの、ただの雑談であった。両陛下はよく六回もお招きくださったと思う。そういう機会をいただいたことに深く感謝している。

（初出「文藝春秋」二〇二三年二月号）

〈追記〉

単行本化にあたって改めて雑誌に掲載した原稿を読み返すと、いくつか書き落としていたエピソードがあることに気が付いたので、ここで紹介したい。

寒中の見送り

まず、最初にお招きいただいた日の帰り際のことである。

美智子さまからは、『あゆみ――皇后陛下お言葉集』と『橋をかける――子供時代の読書の思い出』という美智子さまのご著作二冊をいただいた。陛下からは、科学誌『サイエンス』に掲載された陛下の英語論文「Early Cultivators of Science in Japan」のコピーをいただいた。これは杉田玄白など、日本の科学を育てた人たちについて書かれたものであった。

その後も、美智子さまからは、まど・みちおの作品を美智子さまが英訳された詩集『にじ』や『Eraser けしゴム』をいただいた。美智子さまが皇太子妃時代、浩宮さま（今上天皇）を寝かしつける時に口ずさまれたという、子守唄「おもひ子」のCDブックなどは、わざわざ拙宅に送ってくださった。これは宮崎湖処子《こしょし》の詩に美智子さまご自身で曲をつけられたものだという。

この日の陛下は、非常に楽しげであったように思う。雑誌掲載時にも書いたが、我々のような者との「雑談」を面白がっていただいているのではないかと、強く感じた。

そして、私たちが席を立って一礼すると、陛下は我々と一緒に廊下をお歩きになり、玄関まで送ってくださった。半藤さんが、「陛下、お身体の具合はいかがですか」と尋ねると、陛下は、「**ありがとう。別に今は何でもないですよ**」とお答えになり、美智子さまからも「**お体に気を付けてくださいね**」などとお気遣いをしていただいた。これは、その後もそうであった。

寒い時期は、玄関先で「**ここでオーバーを着てくださいね**」などと言っていただいたりもした。そして、両陛下は室内着のまま、御車寄せまで出て、我々を見送ってくださるのだ。

我々の乗った車が御車寄せから見えなくなるまで、両陛下は寒空の中ずっと立って、見送ってくださる。私と半藤さんはすっかり申し訳ない気持ちになり、半藤さんはぽつりと、「寒いのにねえ」と言った。

実録余話

『昭和天皇実録』をめぐってはさまざまな話題があったが、その中でひとつ、私が陛下にお聞きしたことがある。それは、昭和二十七年四月二十八日、サンフランシスコ平和条約が発効し、日本が独立を回復した日に、昭和天皇の御製が五首発表されたのだが、そのうち最後の一首が、私の知っているものとは違うのだ。私の知っているものは、昭和天皇の崩御後に編まれた御製集『おほうなばら』にも載っているもので、

わが庭にあそぶ鳩見ておもふかな世の荒波はいかにあらむと

だった。だが、実録では、

わが庭にあそぶ鳩見て思ふかなたひらぎの世のかくあれかしと

となっている。「これはどうしてこうなったのでしょうか」と私がお聞きすると、陛下は、

「わかりました。調べさせて返事をします」

と、ほとんど即答されたのには驚いた。

そして、お言葉の通り、一週間ほどで当時の風岡典之《かざおかのりゆき》宮内庁長官の秘書の方から「お会いしてお答えしたい」旨のお電話をいただき、東京駅近くの宮内庁の施設で、牧野尊行書陵部長と会う機会を設定していただき、丁寧に説明してもらった。

牧野部長によると、御製が宮内庁から発表された四月二十九日の新聞には「たひらぎの世のかくあれかしと」となっていて、二十八日当日のようすも報じられているので、そちらを採用したとのことだった。

また、半藤さんは、実録の中の御製について、こんなエピソードを紹介した。

昭和三十五年八月六日の項に、生まれたばかりの浩宮さまを乳母車に乗せて散策する美智子さまの姿を見た昭和天皇が詠まれた「はじめての皇孫」と題する御製がある。

山百合の花咲く庭にいとし子を車にのせてその母はゆく

実録では最初、これを東宮御所で詠んだものとしていた。しかし、実録を読まれた陛下が、山百合の描写からして、これは東宮御所ではなく那須御用邸ではないか、と宮内庁に指摘。調査の結果、那須御用邸であったことがわかり、宮内庁は謝罪・訂正をしたということがあった。

半藤さんによると、この御製が発表された当初も、マスコミはこれを東宮御所で詠まれたものと報じ、昭和天皇のご指摘で訂正されたことがあって、記事にもなっていたのだという。

陛下は、昭和天皇のときの訂正騒動についてはご存じなかったようだが、

「あれは那須御用邸だったと思います」

と、はっきりおっしゃっていた。

実録で最後にひとつ。半藤さんは実録の記述スタイルについて、陛下にひとつ問題提起をした。

「実録は昭和天皇の心理描写をしないことに徹しています。その理由は理解できますが、そのことによって一般の人に天皇の心理が伝わらず、正確ではない理解が広まるおそれが

あります。我々のような者や歴史学者だけがわかるという書き方は、少し問題があるように思います」

半藤さんはこういったことも率直に陛下に申し上げていた。

ハゼはバカなのか

下町育ちの半藤さんのさっぱりとした性格に、私はずいぶん助けられ、六回にも及ぶ両陛下との懇談を何とかやり遂げることができた。それを明記したうえで、最後にちょっと笑えるエピソードを紹介して、この文章を終えたい。

何度目かの懇談のときである。陛下が我々に、こう聞かれた。

「ハゼの種類はどれくらいあると思いますか」

私はまったく見当もつかず黙っていると、半藤さんが、「五十種類くらいでしょうか」と答えた。

するとと陛下はにっこり笑いながら、

「いや、三百種類です」

と教えてくださった。

ハゼの研究に関して陛下は国際的な第一人者である。それゆえ、外国からも問い合わせがあったり、論文を読んでほしいと送ってきたりすることがあるという。あるとき外国から送られてきた論文は、宛先が「東京都千代田区　明仁様」だけだったという。

「それで届いたんですよ」

と、陛下は笑いながらおっしゃった。

ハゼといえば、我々が子供の頃は、そのへんで釣れる身近な魚だった。半藤さんも、子供の頃は墨田川でよくハゼ釣りをしたという。

「当時はエサなんてありませんから、赤い毛糸を疑似餌みたいにして釣ったんです」

ここで半藤さんは余計なことを言った。

「ハゼはバカだからよく釣れました」

私は「まずい」と思った。ハゼ研究の第一人者の前で「ハゼはバカ」はないだろう。

陛下はとくに怒ったご様子でもなかったが、**「ハゼはバカではありません」**と淡々とおっしゃった。

このときの半藤さんの恐縮した表情を、今も懐かしく思い出す。

（二〇二四年六月十三日記）

元侍従長連続対談1

渡邉允×保阪正康

パラオご訪問秘話

天皇皇后両陛下「玉砕の島」にかけた二十年の祈り

天皇陛下の強い意志で始まった南洋群島慰霊の旅。行動で示される「あの戦争」への想いとは

渡邉氏

保阪氏

宮内庁提供

パラオご訪問時、ペリリュー島からアンガウル島を拝礼される両陛下

陛下からのご提案

保阪　戦後七十年という節目に、天皇皇后両陛下がパラオをご訪問されました。今回、慰霊に向かわれたパラオ群島のペリリュー島は玉砕の地で、一万人以上の日本兵が犠牲となりました。上陸前に米軍の指揮官が「数日で落とせる」と豪語していたのが、日本軍は洞窟や地下壕に籠もって持久戦に持ち込み、結果的には二カ月以上も守り続けたことがよく知られています。ただ現在では戦史に興味がある人以外には、それほど知られていたわけではありません。そのペリリュー島に両陛下が「慰霊の旅」に行かれることになった。このようなお話は、どなたが言い出されるものなのでしょうか。

渡邉　もう私は現役ではなく、今回のことはわかりませんが、私がお手伝いした十年前（二〇〇五年）のサイパンの慰霊の旅について言えば、明らかに陛下からのご提案でした。

そもそも、両陛下は戦後五十年を迎えた二十年ほど前に、国内の「慰霊の旅」を始められています。平成六年に硫黄島に行かれ、七年には長崎、広島、沖縄、さらに東京大空襲の犠牲者を祀った東京都慰霊堂にも訪れられている。

雑誌協会代表取材

ペリリュー島の西太平洋戦没者の碑を拝礼される両陛下（平成27年4月9日撮影）。

私は、その翌年の平成八年に侍従長を拝命しましたが、着任からしばらくして、陛下から、国外でも戦没者を慰霊したい、そのために南太平洋の島々を訪れたいというお話がありました。

南太平洋は、先の大戦の激戦地で、その島々のうち、かつて南洋群島と呼ばれた地域には政府の建てた慰霊碑が三つあります。「中部太平洋戦没者の碑」が北マリアナ諸島のサイパン、「東太平洋戦没者の碑」がマーシャル諸島のマジュロ、そして「西太平洋戦没者の碑」が今回行かれたペリリューにある。また、この地域には、日本の委任統治時代に大勢の日本人が移住していて、その人々の子孫である日系人が多く住んでいる。それらの慰霊碑を回り、日系の人々にも会いたい、というお気持ちでした。

なぜペリリューに行かれたのか

保阪 パラオは、かつて南洋群島を統治する南洋庁が置かれた場所でもありますね。

渡邉 陛下のご意向を受けて我々も考え始めましたが、両陛下が海外を訪問されるのは年に一回程度です。当時はまだ、オランダやイギリスなど日本の皇室と縁の深い国々へのご訪問も控えていて、なかなかこれらの島国へのご訪問は順番が回ってこない。

そのうちに、私の記憶では、年とともに、この島々へのご訪問についての陛下のお気持ちが強くなっていきました。ただ、どの島も小さな島ですから、受け入れ態勢が懸念されました。そこで、まずは現状を知ろうと宮内庁、外務省、警察庁から現地調査に行きました。

当時の構想としては、サイパンを基点に、パラオやマーシャル諸島などをピストンで往復できないかと考えていました。ところが調査してみると、どの島も飛行場が小さくて政府専用機が飛べなかったり、十分な宿泊施設や車両が準備できなかったりと課題が山積みでした。現地の政府も小規模です。そこで、その状況をご説明して、ご訪問は無理であろうと申し上げ、陛下もご納得になりました。
ところが、ほどなくして、改めて陛下から「サイパンだけでも行けないか」というお話があったのです。たしかにサイパンだけならば、飛行場も宿泊施設も整っています。それで戦後六十年の節目にサイパンのご訪問が実現したわけです。
これは私の推測ですが、サイパンに訪問された後もずっとほかの島々のことを気にかけ続けてこられて、戦後七十年という機会に、パラオご訪問が実現したのでしょう。十年前に比べれば、パラオの受け入れ態勢も改善されたということでした。

雑誌協会代表取材

パラオご訪問では、パラオ本島からペリリュー島まで、海上保安庁のヘリコプターで移動された。

保阪　今回のパラオご訪問は、陛下の二十年来の想いが結実したものなのですね。このご訪問の日程は一泊二日のハードなものです。パラオ本島からペリリュー島に船で渡るだけでも二時間もかかってしまう。結局ヘリコプターで移動するために、海上保安庁の船にお泊まりになって、船からヘリでペリリューに向かわれた。

渡邉　宿泊された巡視船の船長室の写真を見せてもらいましたが、当然ながらお客が宿泊することを想定していない。ドアも小さく、ベッドも一つだけで、そこにもう一つベッドを急遽入れるとのことでした。浴槽もなく、シャワーしかありません。お手洗いも部屋の外です。湾の中だから揺れないということでしたが、船上でお休みになるのは、やはり陸上とは違う。それでも、両陛下はご訪問を決断されたのです。

保阪　お疲れになることも厭わず、追悼や慰霊をきちんと行わなければならないという強い思いがあるのですね。

より切実になったあの戦争への想い

渡邉　私がずっと拝見してきて、陛下のお務めの中でも、あの戦争の戦没者の慰霊というのは非常に大きい部分を占めているように思います。むろん自然災害の被災者のお見舞い、その犠牲者の慰霊、障がい者や高齢者などに心を寄せていこうというお気持ちも強い。それでも、戦没者の慰霊には特別なお気持ちを感じるのです。

この思いはいつからお持ちなのか。私の知る限りではまだ皇太子でいらした時代、昭和五十六年八月の記者会見で終戦記念日にどんな感慨を持たれるかという質問に、こう答えられています。

「このような戦争が二度とあってはいけないと強く感じます。そして、多くの犠牲者とその遺族のことを考えずにはいられません。日本では、どうしても記憶しなければならないことが四つあると思います」。四つとは、終戦記念日、広島と長崎の原爆の日、それに沖縄戦の終結の日です。さらに、「この日には黙禱を捧げて、今のようなことを考えています」。当時からすでに「これは自分がやらなくてはならない」という覚悟を持っておられたのだと思います。

やがて平成の御代になり、時が経つにつれて、より一層、戦争や戦没者を「忘れてはいけない」というお気持ちが切実になってきていると感じます。それと並行して、あの戦争や戦没者について語られるときのお言葉が、具体的になってきています。

保阪　そうですね。その切実さを、昨年（二〇一四年）六月の沖縄ご訪問でも感じました。両陛下は対馬丸記念館を訪れましたね。戦時中、学童疎開船だった対馬丸はアメリカの潜水艦の魚雷を受けて沈没し、約千五百人が犠牲になった。その折りに陛下が生存者や遺族の方々に「ちょうど私と同い年ですね」と話された。陛下には様々な追悼のお気持ちがあるのでしょうが、十歳や十一歳で亡くなった同世代への想いを強くお持ちなのだなと感じました。

渡邉 傘寿を迎えられた一昨年（二〇一三年）の天皇誕生日の会見では、八十年の道のりを振り返って一番印象に残っていることに先の戦争を挙げ、「私が学齢に達した時には中国との戦争が始まっており、その翌年の十二月八日から、中国のほかに新たに米国、英国、オランダとの戦争が始まりました。終戦を迎えたのは小学校の最後の年でした。この戦争による日本人の犠牲者は約三百十万人と言われています。前途に様々な夢を持って生きていた多くの人々が、若くして命を失ったことを思うと、本当に痛ましい限りです」と、詳しくお答えになっています。

それに続いて、「戦後、連合国軍の占領下にあった日本は、平和と民主主義を、守るべき大切なものとして、日本国憲法を作り、様々な改革を行って、今日の日本を築きました」として、当時の我が国の人々の努力に深く感謝するとおっしゃった。

保阪 これには、憲法が押しつけだと言う人々に反論されたという人もいましたが、そういうことにとらわれずに、あくまで陛下ご自身の意思が入った文章ですね。

雑誌協会代表取材

平成26年6月27日、沖縄ご訪問。両陛下は対馬丸記念館をお訪ねになられた。

渡邉　我々は、あの困難な状況のもとで先人が尽くした努力に敬意を払い、感謝と誇りを持つべきだということではないかと思います。これは本当に陛下のお気持ちそのままでしょう。

保阪　戦争は昭和天皇の時代に行われましたが、その昭和天皇がお持ちであったお気持ちを、自分は受け継いでいるという部分が、陛下にはあるのではないでしょうか。

渡邉　それは非常に難しい問題ですね。まず、陛下は皇太子の時代から戦争の慰霊を始められているわけで、そこにはご自身の強い意志がおありなのだと思います。

ただ同時に、昭和天皇はお父上です。昭和天皇と戦争との関係について様々な角度から議論があることも勉強されている。

ご即位二十年の記者会見では、先の大戦に至るまでの道のりについて、「第一次世界大戦のベルダンの古戦場（編集部注・第一次世界大戦におけるフランスとドイツの激戦地、昭和天皇は皇太子時代の大正十年に訪問）を訪れ、戦場の悲惨な光景に接して平和の大切さを肝に銘じられた昭和天皇にとって誠に不本意な歴史であったのではないかと察しております」とおっしゃっている。陛下は、ほかでも、この趣旨のことを何回かおっしゃっています。

陛下の慰霊と昭和天皇との関係について、それ以上のことは陛下のお心の中にだけとどめておくべきものだと思うのです。

保阪　近年になって、海軍将官たちの証言（『帝国海軍提督達の遺稿〔小柳資料〕』）や『昭和天皇実録』などの新たな記録が公開されるにつれて、昭和天皇のもとへ戦時下の事実がまったく報告されていないことが改めて浮き彫りになっています。

昭和十九年八月に海軍省次官に就任した井上成美《しげよし》が、水交会で昭和三十年代に証言している記録は特に印象的でした。井上は次官になったとき、海軍大臣だった米内光政から「陛下に届けなければならないので、軍需局長に頼んで、現状の日米の戦力比の数字を出してくれ」と頼まれている。ところが、軍需局長を呼んで指示すると、「本当のことを書きますか」と言われたというのです。井上が問い質すと「嶋田海軍大臣の時は、いつもメーキングしていました」と。こういったことが公然と行われていたのです。

『実録』を見ても、昭和天皇が軍部を信頼されていない様子が随所に出てきます。大本営の報告が来ないことについて、嘘ばかり言っているから来られないのだろう、という意味のことをおっしゃっている。侍従武官がオフィシャルなルートではなく、いろいろな情報を集めて報告したりしている。軍が好き勝手やっていたことで生まれた亀裂が改めて明るみに出てきています。

陛下も当然それはご存じで、その悔しさを感じているのではないかと思うのです。だからこそ、今年の年頭所感で「満洲事変」に言及されたのではないか。昭和天皇のお気持ちと軍の動きが乖離していった最初の出来事は満洲事変でしたから。

渡邉　戦後七十年という節目に触れ、「この機会に、満洲事変に始まるこの戦争の歴史を十分に学び、今後の日本のあり方を考えていくことが、今、極めて大切なことだと思っています」と言われましたね。

あの戦争について、これまでは、ご自分の子供時代の経験と結びつけて語られることが多かったのですが、今回は、先の大戦が満洲事変に始まったという歴史的な事実を、そのまま具体的におっしゃった。その意味で、あの戦争を忘れてはならないという最近のお気持ちの現れの一つだと思っています。

美智子さまが果たされる役割

保阪　陛下のあの戦争への想いを考えるときに、美智子さまの役割も、大きなものがあるのではないかと推測します。お二人で慰霊について、どのような役割分担をされているのでしょうか。

渡邉　両陛下のご関係を考えると、陛下がご結婚満五十年の記者会見でご自身が婚約内定後に詠まれた歌「語らひを重ねゆきつつ気がつきぬわれのこころに開きたる窓」を引用されたことを思い出します。陛下にとって皇后さまはご自分の最も良き理解者であり、何でもご相談になれるお相手でもあって、慰霊という大きなお務めもお側で心を尽くして支えておられるということだと思います。

保阪　両陛下がご一緒にお歩きになるお姿、それが一つの追悼の形を作っていますね。

宮内庁提供

平成21年4月8日、ご結婚満50年の記者会見での両陛下。

ここまで、ほとんど一体としてお務めになるお姿は、世界でも類を見ない形だと思います。

渡邉　皇后さまの慰霊へのお気持ちについては、お詠みになった御歌からも読み取れることがあります。観音崎、広島、硫黄島など、いくつもある感動的な御歌のうち一首を挙げるとすれば、サイパンご訪問で詠まれた御歌です。

「いまはとて島果ての崖踏みけりしをみなの足裏思へばかなし」。絶望的な戦況の中で、断崖から身を投じた女性のことをお詠みになった御歌です。いま自決しようと飛び込もうとしている、いま踏み出そうとする足裏の感覚をとらえておられる。凄いと思います。

保阪　できればそれは止めてほしかった、

仕方なかったのだろうかとか、何とも言えないさまざまな感情が湧き起こってきます。ペリリューに行かれた時の御歌も、来年の元旦の紙面に、年頭の所感とともに発表されることになるのでしょう。

〈編集部注・平成二十八年の歌会始に天皇陛下〈現在の上皇陛下〉は次の御製を詠まれました。

戦ひにあまたの人の失せしとふ島緑にて海に横たふ〉

渡邉　皇后さまの陛下のお務めを支えるお気持ちが、具体的に示された出来事があります。

それは、二〇一二年の東日本大震災一周年追悼式の時のことです。陛下は、式典になんとか出席されたいと思い、それに間に合うように心臓のバイパス手術をされた。式典はそのご退院直後でした。そのとき皇后陛下は、このような式典では珍しく和服を着ておられた。普通は洋装です。なぜだろうと思っていたのですが、陛下が退院からまもないため、ご体調も万全ではなかった。万が一、陛下が壇上でふらつかれたりしたら、支えるのは一番近くにおられる皇后さましかいない。そのためには、ハイヒールでは力が入らないので、それまでの前例を変えて、草履を履く和服にすると決断されたのでした。

追悼に終わりはあるのか

保阪　慰霊や追悼に終わりはありません。両陛下はすでにご高齢ですが、慰霊の旅をお続けになることについては、どのようにお考えなのでしょうか。追悼の最終的な姿をどういう風に捉えていらっしゃるのかが、私は気になるのですが……。

渡邉　戦没者の慰霊そのものは生涯をかけての務めだ、と思っておられると感じています。その形はどのようになっても、それは生涯お続けになるのだと思います。

保阪　「四つの日」を追悼に費やす人は、庶民の中には少ない。広島、長崎、沖縄の人がそれぞれの日に追悼することはあるでしょうが。ただ、陛下のお気持ちも「皆さん、真似してください」という意味ではなく、あくまでも陛下が自らに課された追悼ということですね。

そう考えると、私たちも自分で追悼の日を持たなくてはいけないのかもしれません。思い出すのは、私の母のことです。北海道も室蘭や函館では、昭和二十年七月十四日に爆撃を受け、遠縁の者が亡くなっていた。私の母は、毎年その日に線香を焚いて、一生懸命に

雑誌協会代表取材

平成24年3月11日、東日本大震災追悼式にご臨席された両陛下。皇后さま（当時）は和服を召されている。

追悼していました。人それぞれの追悼があるのですね。

この慰霊への思いは、皇太子さま、秋篠宮さまにも引き継いでいただきたいですね。

渡邉　もちろん両陛下とも、そのようになさろうとしておられます。皇太子さまも、今年のお誕生日の会見で、「子供の頃から、沖縄慰霊の日、広島や長崎への原爆投下の日、そして、終戦記念日には両陛下とご一緒に黙禱をしており、その折に、原爆や戦争の痛ましさについてのお話を伺ってきました」とお答えになりました。

ただ一方で、皇太子さまは同じ会見で「私自身、戦後生まれであり、戦争を体験しておりません」とお話しになっているように、疎開先の日光で玉音放送を聞かれ、東京が爆撃で一面の焼け野原になっていたことに衝撃を受けられた陛下とは違います。皇太子さまも秋篠宮さまも、戦争を体験されていないお立場で今後慰霊をどういう形で引き継いでいかれるか、これは次の世代の日本人全体の問題かもしれません。

保阪　戦後七十年を迎えて、私たちは戦没者の追悼や慰霊ということに、ある意味で慣れてしまった。例えば終戦記念日に、全国戦没者追悼式の様子をテレビで観たり、甲子園で高校球児たちが一分間黙禱するといった、公的なものに慣れてしまったのです。家族に祖父・祖母がいれば慰霊の機会もあるかもしれませんが、一般の家庭ではもう引き継がれていない。

陛下は、世代を超えて、追悼や慰霊はこういうものだと、戦地を訪ねることで伝えている。結果として陛下が〝歴史の教師〟となって、声高ではなく戦争が本当はどういうものかを伝えている。私たちの社会に向けて「もう戦争は厭だ」という〝空気〟を直接教えているように思いますね。

慰霊や追悼というのは、すぐに政治化してしまう。靖国神社の問題はその典型です。政治化することで、だんだんと追悼の意味を変えていくのです。陛下が今回のご訪問で伝えているのは、そういうものをそぎ落とした「原点」のような気がします。

宮内庁提供

平成27年3月22日、御所でペリリュー島守備隊の生還者をご接見される両陛下。

「原点」に立ち続ける両陛下

渡邉　陛下は説明なさいませんし、淡々とされていますが、まさに現場に行くことは「原点に立つ」ということかもしれませんね。

保阪　実際に戦地に行くということは、まさに「原点」に立つことですよね。遠くから「戦争は残酷だ」と言うだけでなく、本を読んで「かわいそうだ」と思うだけでなく、行って確認してみる。先ほど渡邉さんに紹介していただいた皇后さまのサイパンでの御歌など、現場に行かなければ詠めない御歌です。

渡邉　余計なものは取り去って、常に原点そのものに立ち戻るというのは、まさに陛下のなさり方だと思います。東日本大震災でも、被災地に繰り返し行かれる。身をもって示すということでもあるでしょう。

保阪　ともすれば、東京の安全地帯から「被災者の皆さん」と呼び掛けがちです。両陛下の現場への思いは、避難所で、被災者と目線を合わせて握手する両陛下の姿そのものです。

形骸化し、言葉だけになりつつある追悼と慰霊を、両陛下はお二人で行動によって、言葉を発しないけれど肉付けしている。その意味するところは大きい。それがわからず、「陛下は暑いところまでご苦労さまだな」などと思って終わっていては、国民の側の感覚が鈍いということでしかない。

ペリリュー島への慰霊の旅は、両陛下から国民に多くのことを問い掛けられたように思います。

（初出「文藝春秋」二〇一五年五月号）

元侍従長連続対談2

川島裕×保阪正康

両陛下最後の8月15日

——「平成最後のあの日」をどう締めくくられるか

川島氏

保阪氏

宮内庁提供

平成27年の全国戦没者追悼式に
ご臨席される両陛下

保阪　まもなく平成最後の終戦記念日を迎えます。平成になって三十年間、両陛下は毎年、日本武道館で行われる全国戦没者追悼式にご臨席されてきました。正午の時報とともに、「全国戦没者之霊」と記された標柱の前で黙禱を捧げられるのも今年（二〇一八年）が最後。来年からは皇太子殿下と雅子妃殿下が務められます。

川島　今度の八月十五日は、いわば締めくくりとなりますから、様々な感慨をお持ちだろうと思いますね。

保阪　川島さんは二〇一五年まで約八年間、侍従長としてお側で仕えてこられましたが、両陛下の戦没者追悼式をどうご覧になってきましたか。

川島　これは私の感じ方なのですが、陛下は戦没者の追悼に誰よりもリアリティをもって臨まれてきたと思いますね。昭和の頃は皇太子として、平成に入ってからは天皇として常に「当事者」として戦争を感じてこられた方ですから。

保阪　たしかに陛下は昭和天皇の子ですし、戦争中はそれこそ「神格化された父君の子」でした。

川島　戦後しばらくは、戦争に関わったいろいろな方がまだ存命でしたけれど、両陛下は今や唯一無二といっていい存在です。

保阪　今年は戦後七十三年。最近は、戦没者の配偶者や兄弟はほとんどおらず、子供に当たる方も七十代以上の方ばかりです。あの戦争もすっかり遠い昔になってしまいました。昭和十四年生まれの私でさえ、終戦時のことはほとんど覚えていません。

川島　私は三歳半でしたが、疎開していた軽井沢で玉音放送を聴いた記憶はあります。私が戦争をイメージするときにまず頭に浮かぶのが、その時のラジオなのです。

私や保阪さんは戦争にぎりぎり足がかかっている世代ですが、今の若い人には、戦争なんて想像もできないようです。実は宮内庁を退いてから、玉川大学で外交政策に関する講義をやっているのですが、今の学生たちは「人を殺す」と言われても、お巡りさんが捕まえて裁判にかければそれで終わりという認識しかない。だから人を殺し合うことが賛美される戦争というものがどうしても飲み込めないようです。

保阪　学生はみな平成生まれですからね。ただ、私はそういう若者にこそ、陛下のおことばを真摯に学んでほしい。まさに当事者のお一人として考えてこられたことをお話しされていますから。

川島　あまり報じられないのが残念なのですが、記者会見のおことばは、陛下自ら推敲を重ねられたもので、私たち側近が何かをつけ加えることは一切ありませんでした。私がお仕えしていた頃は、草稿が出来上がると、「できましたから、いらっしゃい」と電話をいただいて御所の書斎に参上すると、陛下自らプリンターで打ち出した紙を手渡してくださいます。目を通させていただきますと、いつも「ああ、なるほど」と思う。

保阪 言葉に無駄がない、短い中に思いが凝縮した文章ですね。

共感を呼ぶ「人間的」なおことば

川島 ただ一度、冷や汗をかいたことがありました。陛下は一度使った紙の裏に打ち出すのです。ある時、「これでどう?」と、ある国からの賓客を歓迎するおことばを頂戴しました。ところが、その裏にはまた別の機会に国賓を招かれた際のおことばが印刷されていたのです。それで一瞬、どちらがどちらだかわからなくなってしまった(笑)。

保阪 まさか陛下に「どちらですか?」と聞くわけにもいきませんしね(笑)。戦没者追悼式でのおことばは二百字程の短い文章ですが、直近の三年間はほとんど同じ表現をされていますね。

川島 それはミサの祈りと同じなのかもしれません。祈りの言葉は毎回同じでも、それに対して異を唱える人はいません。陛下のお気持ちを凝縮すると、自然と同じ表現になるのだと思います。

保阪　陛下のおことばを拝見しますと、いつも極めて人間的といいますか、心の内を正直に表現されていると感じます。

川島　そうですね、「人間的」というのは的確な表現かもしれません。それが国民の共感を呼ぶ理由だと思います。今回の追悼式で、どのようなおことばを述べられるのかはわかりませんが、式に臨まれるお気持ちをうかがい知ることができるおことばが過去にありました。平成十八年のお誕生日会見です。この年はとりわけストレートに思いを発せられています。

「戦没者の追悼は極めて大切なことと考えています。先の大戦では三百十万人の日本人が亡くなりましたが、毎年八月十五日にはこれらの戦陣に散り、戦禍に倒れた人々のことに思いを致し、全国戦没者追悼式に臨んでいます。戦闘に携わった人々も、戦闘に携わらなかった人々も、国や国民のことを思い、力を尽くして戦い、あるいは働き、亡くなった人々であり、今日の日本がその人々の犠牲の上に築かれていることを決して忘れてはならないと思います」

「戦後に生まれた人々が年々多くなってくる今日、戦没者を追悼することは自分たちの生まれる前の世代の人々がいかなる世界、社会に生きてきたかを理解することになり、世界や日本の過去の歴史を顧みる一つの機会となることと思います。過去のような戦争の惨禍が二度と起こらないよう、戦争や戦没者のことが、戦争を直接知らない世代の人々に正しく伝えられていくことを心から願っています」

戦没者の追悼だけでなく、次代を担う若者たちへのメッセージにもなっている。陛下のお気持ちは、これに尽きているような気がするんです。

「一人ひとりの悲しみ」を受け止める

保阪　同感ですね。八月十五日は一部の政治家たちが靖国神社に参拝する日でもありますが、昭和天皇はA級戦犯合祀にお怒りになられ、昭和五十年を最後に参拝をやめました。陛下と靖国神社との関係はその後どうなっているんですか。

川島　私がお仕えしてからは、そもそもいらっしゃらない状態が続いていましたから、「どうしましょうか」という話もありませんでした。たしか戦没者追悼式が行われるようになったのは、戦後すぐからではありませんね。

保阪　サンフランシスコ講和条約で独立を回復した直後ですから、昭和二十七年からです。最初の頃は数年置きに日比谷公会堂などで行われていましたが、靖国神社で行われた年もありました。

川島　武道館ができたのは東京オリンピックの時ですから昭和三十九年。それが今では、国民にとっても両陛下にとっても最も大事な式典になっている。昭和天皇から継承されて、この三十年ご臨席されてきた両陛下の功績はとても大きいと思います。

これは私の考えですが、両陛下は、「一人ひとりの悲しみ」をしっかり受け止めるというスタイルです。この「一人ひとり」というのが大事なところで、先の戦争の犠牲者も「三百十万人」とひとくくりにしてしまうと単なる統計数字になってしまう。一人ひとりの死の悲しみと違って、実感が湧かないんですよ。

これに気がついたのが、東日本大震災の追悼式の場でした。式の後半では、各県の遺族代表が家族の思い出を語るわけですが、夫や子供がどういう風に亡くなったかという話を切々と語ると会場の人が泣き出す。それは一人ひとりの悲しみだからみんなわかるんですね。

両陛下は、統計数字ではなく「一人ひとり」を大切にされてきて、それがお二人の特徴でした。戦没者追悼式も、両陛下は会場を辞去する際、必ず遺族が座る席に本当に懇篤なまなざしで、長い時間をかけて一礼される。そのご様子も標柱の前で述べられるおことばと並んで非常に重要なことだと思うんです。

保阪 戦争の被害や悲劇を「個」として見るわけですね。

川島 そうなんです。私は外交官時代にイスラエル大使をしていたことがあります。ユダヤ人のホロコーストの犠牲者は六百万人、そのうち百五十万人が子供ですが、彼らには、それを絶対に統計数字にさせないぞという気概がある。ホロコースト記念館では子供たちを追悼する部屋があって、真っ暗闇に一筋の光が差し込む部屋の中で、犠牲となった子供たちの名前が一人ひとり読み上げられています。全員を読み上げるのに一体どれくらいの時間がかかるか想像もつきませんが、ただひたすら一人ひとりの犠牲者を追悼するために読み続けられている。こうした個人の悲しみへの想像力がなければ、三百十万だ、六百万だといっても追悼にはならない。

保阪 沖縄にも「平和の礎《いしじ》」という記念碑がありますね。国籍や軍、民間の区別なく、沖縄戦で亡くなったすべての個人名が記されている。終戦から五十年の節目の年に両陛下もご訪問され、プレートを指差されながら、お一人お一人の名前をご覧になる印象的な場面がありましたね。

国民と同じ目線で

川島　陛下の場合、昭和天皇と違って最初から象徴天皇としてスタートされています。百二十五代にして初めてのことですから、「象徴」とは何かということを皇太子時代からずっと考え続けてこられた。そこでたどり着かれたのは、結局、かくあるべしというテーゼではなく、両陛下として一生懸命務められてきた集大成が「象徴」の定義になったという気がするんです。

国民といろいろな形で会ったり、話をしたり、視線を交わしたりする。そして国民の側もそういう両陛下とのやり取りをとても喜び、力付けられる。つまり双方向の無数の相互作用の積み重ねこそが、お二人で築き上げられた「象徴」ではないかという気がしています。

ご公務などで地方に行くと、多くの人々が沿道に並んで両陛下の乗った御車を待ち構えていますね。両陛下は、手を振るだけではなくて、しっかり視線を交わして挨拶されている。私たちお側の者は両陛下のすぐ後にマイクロバスに乗って通りかかりますから、沿道の人たちが「ああ、良かった」とうれしそうにしている表情がよく見えるんです。残念なことに、その人たちの表情は写真や映像に残らない。メディアが撮るのは両陛下のお顔ですから、こういうことはほとんどの人は知らないままです。

保阪 陛下と国民との絆がよく現れている光景でしょうから、そういう光景を記者の皆さんも撮ったらいいでしょうね。

川島 私が外交官時代に経験した大統領の訪日や総理の外交訪問では、空港から車に乗ってそのままスーッと目的地に向かえばいいわけですが、両陛下の場合は、沿道に人が集まっているところで必ず減速するから、目的地に着くまで加速と減速の繰り返しなんです。私は、この無数の加速減速がとても重要なのだろうと思いました。霞が関の仲間にこれを言うと、みんな知らないから「へえ、そうなのか」と感心します。

保阪 両陛下が心がけてこられたのは、上からの目線ではなく国民と同じ目線で接するということですね。東日本大震災の被災地ご訪問でもそうされていました。

川島 そうなんです。四年前（二〇一四年）、広島の土砂災害のお見舞いをされた時も、

雑誌協会代表取材

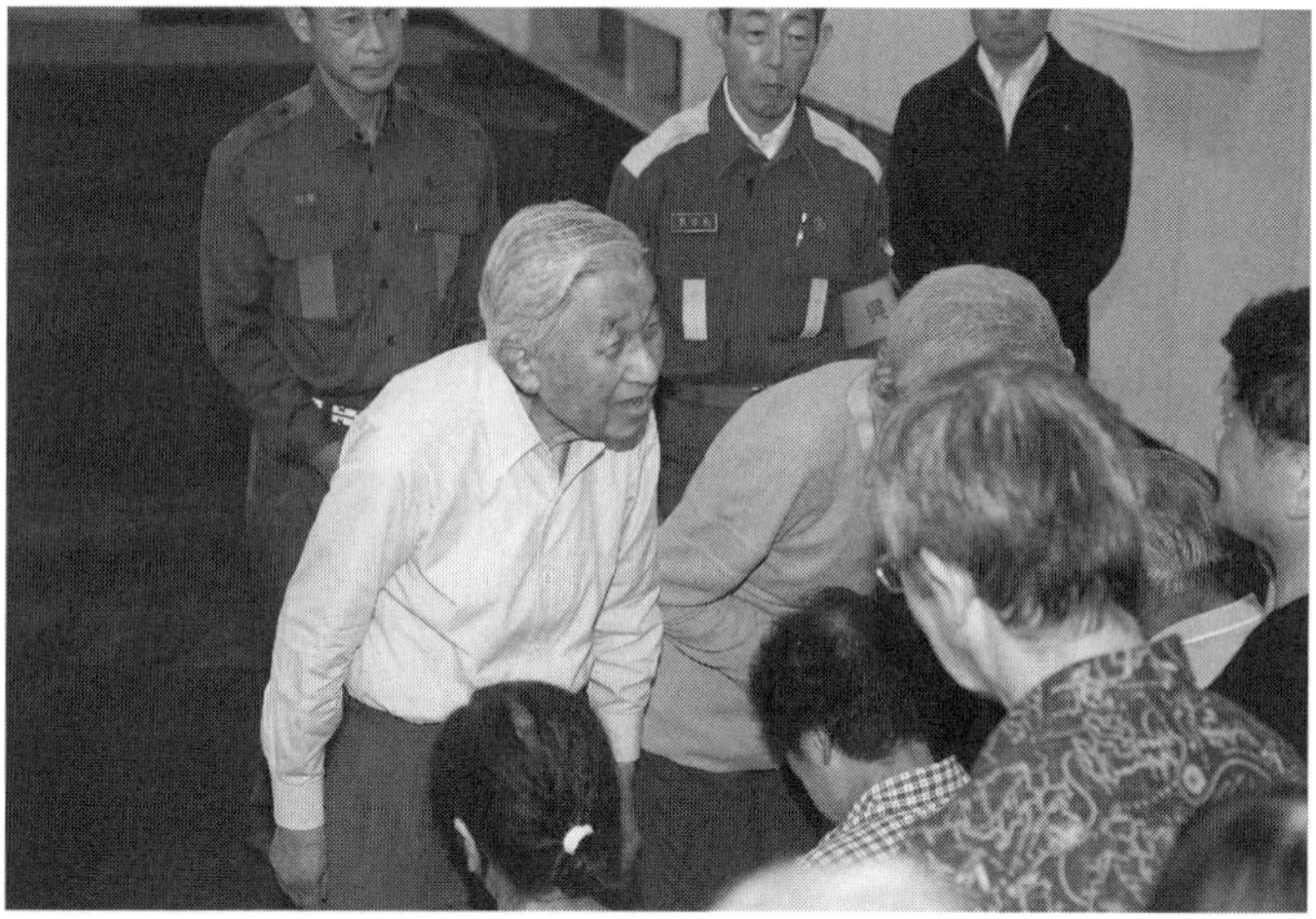

平成30年9月21日、西日本豪雨の被災地お見舞い。広島県呉市の天応応急仮設団地を訪ねられた。

両陛下を待つ間、いずれも家族を亡くされたばかりの被災者の皆さんが悲しみと緊張感からか、もの凄く硬い表情をしていました。それが両陛下と言葉を交わすとみるみる表情が和らいでいく。私の立っている場所からはどんなやり取りをされたのかは聞こえなかったのですが、表情だけはよく覚えています。

保阪　川島さんは離れたところからご覧になられていたわけですね。

川島　ええ。ですから視覚的な記憶なんです。私は両陛下の姿を無数の視覚的な映像として記憶しているんですが、国民の多くもそうではないでしょうか。例えば、追悼式典では、両陛下の御姿勢とか一礼されるなさりようとかが記憶される。
保阪　日本的な権威を示すという意味で、両陛下のたたずまいに安心感と重厚感があるのは間違いありません。
川島　皇居での諸々の儀式もモーニング姿で執り行われるから厳粛な雰囲気が保たれるので、これがＴシャツ、ジーパン着用ありとなったらめちゃくちゃになります。そういうことも「象徴」が権威を持つには大切なことなんです。
保阪　ご在位三十年を分析すると、いまの陛下が体現されている「君主の姿」はかなり先駆性があるように思います。理知的ですし、皇室や王室のあるべき姿というものをほかのどの国よりも示しているような気がしています。
川島　そうですね。ヨーロッパの場合は、タックス・ペイヤー（納税者）のお金が支払われている以上、それに見合うものを王室が与えないといけない。国王がどこかの国に行くとなれば、大勢のビジネスマンを一緒に連れて行かないとレジティマシー（正当性）が確認されないと考える国もある。つまり、王室が通商権拡大に使われるのが普通なわけです。
保阪　そのことは明治初期に渋沢栄一も指摘していました。日本では到底考えられない。

川島 もちろん、陛下は決してなさらなかった。というよりも、戦後の日本では、そんなことを考えることがありませんでした。

保阪 二十世紀が明けた時、王室がなかったのはフランスとスイスだけといいます。それが百年経つうちにどんどん消えていった。王権が崩れていくには崩れていくだけの理由があったのでしょうけれど、日本には崩れないだけの知恵と歴史の含み資産があったと考えるべきでしょう。それは陛下の側だけでなく、私たち国民の中にも引き継いでいるものがあるのでしょうね。

川島 今回の対談のテーマである追悼式のことを考えても、先ほど陛下が「当事者」としてご臨席されることの意味の大きさについて述べましたが、両陛下がさらに素晴らしいのは、二十一世紀に入られてからもサイパンやペリリューなどのご訪問を重ね、言わば戦争体験を積み増していかれていることです。平成十七年のサイパンご訪問は戦後六十年の年でした。両陛下はサイパンの海岸で、当時の激戦を生き残った戦友会の代表者二名からお話をお聞きになっています。

保阪 平成二十七年には、南洋諸島の激戦地だったパラオ、ペリリュー島を訪問されました。これは戦後七十年の節目でしたね。

雑誌協会代表取材

両陛下は、平成27年4月9日のパラオご訪問でも、ペリリュー島のオレンジビーチで、海に向かって深く拝礼された。

川島　パラオご訪問に際しても、生き残った二人の守備隊兵を御所に招かれています。実はこの面会の時、陛下はお風邪を召されてお熱がおありでした。ところが「これには出なければならない」と仰せになり、「本当に長いこと大変にご苦労さまでした」と二人をお労《ねぎら》いになったのです。

戦後六十年を過ぎても、新たな「戦争体験」を重ねてこられたことは象徴の意味合いを定義づけるうえでもとても意義の大きいことだったと思います。

保阪　サイパンご訪問では、両陛下がバンザイ・クリフで黙禱を捧げた写真にも注目が集まりましたね。

川島　平成時代の両陛下を端的に表現するのにあれほどふさわしい写真はないでしょうね。通常、両陛下を真後ろから撮影することはありませんが、各メディアが慰霊の旅を象徴する一枚として使ったのです。

「伺うことも心がはばかられた」

保阪　しかし、こうした戦争体験や象徴としてのあり方を次の世代に継承していくことは簡単ではありません。私は、陛下と昭和天皇とでは、追悼に対する姿勢がかなり異なると思っています。昭和天皇は目に見える形では、慰霊や追悼を表現されませんでした。ところが陛下はサイパンやパラオで深く頭を下げたお姿のように、誰にでもわかる方法で慰霊をなされてきた。陛下が昭和天皇から戦争について教えを受けられたことはあるのでしょうか。

川島　陛下から昭和天皇とのやり取りについて伺ったことはありません。ただ、陛下と昭和天皇とのやり取りに関して、私が「なるほどな」と思ったのは、平成七年のお誕生日会見でのおことばでした。

「ヴェルダンの古戦場を訪れて、そこに兵士の埋まっている状態の所を訪れ、戦争の悲惨さということを感じたという話は伺っています。今度の戦争については、昭和天皇のお考えとは違う方向に進んでいったということが言い得ると思いますし、その点で昭和天皇のお心は深く察せられるように思います。

ただ、さっき父としてというお話がありましたけれども、普段はそういうようなお話はほとんどなさったことはありませんでした。また、あまり伺うということも、心がはばかられたということもあります」（傍点編集部）

このおことばが昭和天皇から受け継がれた教えのすべてを語っておられると思います。

保阪　「心がはばかられた」という言葉が重いですね。あの時代の歴史を振り返りますと、三年八カ月続いた太平洋戦争の中で、昭和天皇は一つのお気持ちで戦争と向き合っていたわけではなくて、悔恨というのでしょうか、「なぜこの道を選択したのだろう」とか、「なぜ軍人は嘘をつくんだ」とか、さまざまな葛藤を持ちながら過ごしていました。軍人がついた嘘というのは、今はいろんな資料でわかりますから、陛下もお読みになられたのだろうと思います。

川島　戦争に至るプロセスで、陛下が「昭和天皇はお気の毒だった」と思っておられるのはたしかでしょうね。

保阪　だからこそ、戦争のことをお伺いするのは忍びなく感じられ、「はばかられた」

わけですね。戦争中の昭和天皇の思いを知れば知るほど、聞けなくなってしまわれた。

川島　昭和天皇との関係で言いますと、陛下は平成二十七年の新年のご感想で「満洲事変に始まるこの戦争の歴史を十分に学び、今後の日本のあり方を考えていくことが、今、極めて大切」と述べられて話題になりました。

いつものお正月のご感想では、歴史観を示されることなどないのですが、年末にあの文章を拝見して感慨がありました。ズバッと戦争を定義しておられましたから。

保阪　昭和天皇は、昭和六年に起きた満洲事変の戦線拡大を抑えようとしていました。ところが、軍が主導して結局拡大してしまった。陛下のおことばは「その時の昭和天皇のお気持ちを考えてください」という意味なのかもしれませんね。

川島　陛下ご自身の最初の記憶は、昭和十二年七月に起こった盧溝橋事件だとおっしゃっていたことがあります。当時、三歳半ですね。昭和天皇とご一緒に神奈川県の葉山御用邸でお過ごしになられていたそうですが、昭和天皇は事件勃発の一報を聞くや、急遽東京に戻った。このとき昭和天皇が白い海軍の軍服姿だったことを陛下はずっと覚えているようです。

保阪　終戦は日光で迎えられていますね。玉音放送は、宿泊先のホテルの特別室で東宮大夫や六人の侍従らとともにお聞きになっています。

川島　陛下が東京にお戻りになられたのは、昭和二十年の十一月上旬でした。その時の東京は、一面焼け野原になっていて、ご覧になられて大きな衝撃を受けられたそうです。

保阪　それから忘れてはいけないのは皇后陛下が果たしてこられた役割です。皇后陛下は戦時中、群馬県の館林に疎開されていました。終戦時は十歳でしたが、空襲で叔父さまを亡くされています。皇后陛下も当事者として戦中、戦後を歩んでこられたわけです。そういう意味で、戦没者の慰霊について、天皇陛下と皇后陛下のお考えは一体のものだと思います。

川島　それはまったくその通りです。皇后さまは自身も当事者であるからこそ、陛下に寄り添うことがおできになった。先ほどの全国戦没者追悼式でのおことばも、皇后さまと様々なやり取りをなされつつ、ご準備されているようでした。

空襲で思い出しましたが、六年前（二〇一二年）、両陛下は東京・深川にある富岡八幡宮のお祭りに参加されました。陛下はお神輿の祭りをご覧になるのは、初めてのことだったと思います。公的な地方へのご旅行ですと、お祭りに行かれることはありませんから。

保阪　意外とそういったことはご覧になっていないのですね。

川島　お祭りの後で、神社の一室で東京大空襲で被災された数名の方々から話を聞く機会があったのです。彼らは被災当時、付近の川に飛び込んで辛くも命が助かったというお話を披露されました。案内した区長さんも当時一歳半で、母親におんぶされたまま川に飛び込んで助かったという人でした。

するとと陛下は「どうかその話をみんなに伝えてください」とおっしゃったのです。陛下はあの戦争を知る世代が減っていることについて強い危機感をお持ちです。一般の方も含めて、その経験を語り継いでもらいたいという強い思いが表れていました。

皇太子殿下が語る戦争体験の継承

保阪　来年五月一日には、皇太子殿下が新天皇として即位されます。戦争に関する継承は行われているのでしょうか。

川島　それについては、私はうかがっておりません。

保阪　皇太子殿下は、一昨年（二〇一六年）のお誕生日会見で、戦争体験の継承について次のように述べておられます。

「両陛下からは折に触れて、私たち家族そろって、疎開のお話など、戦時中のことについてうかがう機会があり、愛子にとってもとても有り難いことと思っております」

川島　皇太子殿下も陛下のなさりようというのはつぶさにフォローしておられます。だけど戦没者追悼式への出席は両陛下だけですので、来年が初めてのご臨席となります。

保阪　生前退位については、「摂政を立てれば良いのではないか」とする意見もありましたが、陛下は反対のようでしたね。

川島　陛下は、戦争で命を失った人々を心を込めて追悼する、あるいは災害の被災者に寄り添うというような行動はまさに象徴の立場にある者しかなし得ない、代理がするのは馴染まないとお考えになられているのではないでしょうか。従って、加齢によって十全にできなくなった場合は、代理を立てるのではなく、次の象徴に引き継ぐべきだとお考えなのだと思います。

両陛下は来年の四月までは公務を減らすことなく全力でやり抜こうと考えられています。猛暑が続いておりますから、ご体調が気にかかりますが、お立場を退かれたら、ぜひご自分の人生をエンジョイしていただきたいなと思っています。両陛下が人生を楽しんでいらっしゃるお姿は、ますます人口の中で比率を高めつつある高齢者の世代にとって大変な励みになりますし、大きな喜びになると思います。

保阪　それもまた新しい象徴のお姿なのかもしれません。今年の八月十五日は、両陛下のお気持ちが感じられる追悼式になるでしょう。私も陛下のおことばを嚙み締める一日にしたいと思います。

（初出「文藝春秋」二〇一八年九月号）

あとがき

平成の天皇が、国民にビデオによって生前退位を望んでいると明かした時に、国民の側には複雑な感情が流れたように思う。具体的に言えば、平成二十八（二〇一六）年八月八日に、天皇陛下はビデオメッセージによって、国民に自らのお気持ちを率直に述べられたのである。ご自身で象徴天皇の像を形作るために努力してきた心情を語り、そのうえで天皇としての公務をいつまで果たせるかを、年齢と共に考えざるを得ないというのが、その趣旨でもあった。

私はこのメッセージを「平成の玉音放送」とも受け止めたのだが、そこには「終身在位」という皇室典範の柱に何らかの手直しが必要だとの思いが含まれていた。あえていうならば終身在位という立場がいかに過酷か、あるいは重いものか、それを訴えられたのである。

妙な表現になるのだが、この過酷な制度の圧迫感は陛下ご自身しか感じることはできない。国民の側では想像、推量などであれこれ論じたにせよ、地肌で理解できるのは「陛下のみ」なのである。そうであれば国民はそのお立場に想像を巡らし、その過酷さを了解しなければならないと思う。この時の「おことば」の中には、「天皇が健康を損ない、深刻な状態に立ち至った場合、これまでにも見られたように、社会が停滞し、国民の暮らしにも様々な影響が及ぶことが懸念されます」との一節があり、昭和天皇のご症状が悪化した時の「自粛ムード」が、ご自身の時にも起きるのではないか、との懸念が述べられている。

結局、陛下のこうしたお気持ちは順次法的にも整備されていき、生前退位の方向に進んだことは、それ自体喜ばしいことでもあった。そのような天皇の意思も受け入れられる社会はそれ自体、天皇制国家が健全に機能していく社会とも言えるように思えるのである。

私と半藤一利氏は、結果的に本書でも記述したように、この年（二〇一六年）六月十四日がお会いする最後の機会になった。私たちは「生前退位」のご意向などはまったく聞いていない。

宮内庁提供

平成31年3月12日、賢所に退位のご報告をなさる陛下（退位及びその期日奉告の儀）。

私たちは現実に動いている政治的、社会的な話題には触れないという暗黙の了解があったので、そういう話は直接には伺っていないと言っていいであろう。

とはいえ私たちも陛下のお言葉の片鱗からは、陛下ご自身が齢八十代にお入りになっている上に、皇太子も還暦に近づいていらっしゃるのだから、何かお考えの節もあるのでは、との感想はあった。しかし「生前退位」というお気持ちまでは推量することができなかった。あえて牽強付会に解すればということになるが、陛下のお気持ちの中に私たち二人が「象徴天皇像」をどのように受け止めているか、あるいは実際に生前退位を論じられる時になったら、その真意は知っておいてほしいとお考えになったのかもしれない、との思いはある。むろんこれは、私たちの一方的な解釈ということにはなるのだが。

その後、天皇側近から「落ち着いたら、また……」とお会いする機会についてのお話はあった。しかし平成から令和に、さらには新型コロナの流行という時代に入り、約束の時間はなかなか作ることはできなかった。お二人から、私たちとの座談は楽しみだったとのメッセージも寄せられた。私も半藤氏も素直に喜び、「臣一利」「臣正康」と話し合ったこともあった。そのうち半藤氏が病で伏せる状態になり、お会いする時間も実際には作ることができなくなった。残念であった。

私たちはこうした記録を残すためにお会いしたわけではなかった。テープを録《と》るとか写真を撮影するとか、そういうつもりもなく、暗黙のうちに「語らない。伝えない」というルールを自らに課していた。それなのになぜ、と問われるであろう。その点について説明しておかなければならない。毎回、お会いした後に私と半藤氏は、帝国ホテルのラウンジ、あるいは近在のお寿司店でどのような話が出たのかを確認していた。

「今日のお話の中で最も重要なのはこういう話だったよね」

と言いながら、その日のお話を二人で再整理してきた。すると、私たちは意外なほど昭和史の本質に触れる話をしていることに気づかされた。例えば、本書ではさりげなくしか触れていないが、私たちの印象では「陛下は、世間で言われているほどヴァイニング夫人に影響を受けてはいないね」という点で感想は一致したのである。陛下はご関心が薄いことにはさほど熱心にお話を進めない。その点がある日の座談の中でよく現れていたのである。

私はある時期、ヴァイニング夫人が副読本に用いたアメリカの小学校、中学校の小説や歴史本を取り寄せて読んだことがある。その話をしようと思った時に、陛下はヴァイニング夫人の名にさほどの関心を示さなかったのである。多分あまりにもアメリカナイズされた講義に、実は不快の念を抱いたのではないだろうか、と私は思った。こういう秘めた話はたしかに貴重ではあるが、伏せておくのはおかしいとの思いもあった。もっと同時代の人々に知られて然るべきとの感もしている。

元侍従長の渡邊充氏、共同通信社の元ワシントン支局長の松尾文夫氏、そして半藤氏、いずれもお亡くなりになった。両陛下とお会いしたことが埋もれるのは残念の思いがしていた。しかし渡邊氏からの「記録は残しておきなさいよ」という言葉が、発表の後押しにもなった。そして月刊「文藝春秋」の二〇二三年一月号、二月号で発表させていただいた。三人の先達に感謝し、ご冥福を祈る。

当時の月刊「文藝春秋」編集長である新谷学氏、デスクの鈴木康介氏（現編集長）のご協力に感謝する。こうして書にまとめていただいた文藝春秋の吉地真氏に、締め切りや校正などで多大のご迷惑をかけた。改めて御礼を述べたい。諸氏の励ましによって本書は世に送り出されることになった。嬉しさも一入である。

令和六年（二〇二四）五月　　保阪正康

装幀　観野良太
写真　宮内庁
共同通信
文藝春秋写真資料室

上皇上皇后両陛下　略年譜

＊ゴチックは世の中の出来事

年号	上皇陛下	上皇后陛下
昭和八（一九三三）年	十二月二十三日、昭和天皇、香淳皇后の第五子（第一皇男子）としてご誕生。御称号は継宮。御諱は明仁。 **日本が国際連盟から脱退。**	
昭和九（一九三四）年		十月二十日、正田英三郎、富美（後に富美子と改名）夫妻の長女としてご誕生。美智子と命名される。
昭和十一（一九三六）年	**二・二六事件。**	
昭和十二（一九三七）年	**盧溝橋事件。日中戦争始まる。**	
昭和十四（一九三九）年	**欧州で第二次世界大戦始まる。**	雙葉学園雙葉小学校附属幼稚園ご入園。
昭和十五（一九四〇）年	学習院初等科にご入学。	
昭和十九（一九四四）年	太平洋戦争の戦局悪化により栃木県日光市の田母沢御用邸、後に奥日光湯元の南間ホテルに疎開。	神奈川県藤沢町、群馬県の館林町に疎開。

昭和二十(一九四五)年	玉音放送を疎開先で聞く。	長野県軽井沢町に疎開。
昭和二十一(一九四六)年	十月、エリザベス・ヴァイニング夫人が家庭教師に就任。	
昭和二十二(一九四七)年		雙葉学園雙葉小学校をご卒業。
昭和二十六(一九五一)年	**九月八日、サンフランシスコ講和条約調印。日本が独立を回復する。**	
昭和二十七(一九五二)年	四月、学習院大学ご入学。 十一月十日、立太子の礼並びに成年式。	
昭和二十八(一九五三)年	三月三十日から十月十二日まで初の御外遊。世界十四カ国をご訪問。途中、六月二日には昭和天皇の御名代としてエリザベス二世英国女王の戴冠式へ御参列。	聖心女子学院中等科をご卒業。
昭和三十(一九五五)年		聖心女子学院高等科をご卒業。
昭和三十一(一九五六)年	十一月、エチオピア皇帝ハイレ・セラシエ一世が戦後初の国賓として来日。皇太子殿下とご会見。	
昭和三十二(一九五七)年		聖心女子大学文学部をご卒業。
	八月、軽井沢のテニスコートでトーナメント大会が開かれる。皇太子殿下は早稲田大学生の石塚研二氏と、正田美智子さんはカナダ人のボビー・ドイル少年とペアを組んでダブルスで対戦される。	

昭和三十四（一九五九）年	四月十日、皇太子明仁親王と正田美智子のご結婚の儀が行われる。 「ミッチー・ブーム」が起きる。	
昭和三十五（一九六〇）年	二月二十三日、第一子（第一皇男子）、浩宮徳仁親王ご誕生。 九月二十二日から十月七日まで日米修好百周年記念のため米国を訪問。	
昭和四十（一九六五）年	十一月三十日、第二子（第二皇男子）、礼宮文仁親王ご誕生。	
昭和四十四（一九六九）年	四月十八日、第三子（第一皇女子）、紀宮清子内親王ご誕生。	
昭和五十（一九七五）年	二月二十日から二十八日、ネパール国王戴冠式にご参列。 七月十七日、沖縄県ご訪問。沖縄国際海洋博覧会にご出席。この時、ひめゆりの塔に献花に訪れた際、過激派が火炎瓶を投げつける「ひめゆりの塔事件」が起きる。	
昭和五十六（一九八一）年	七月二十六日から八月二日、英国チャールズ皇太子結婚式にご参列。	
昭和六十四 平成元（一九八九）年	一月七日、昭和天皇崩御。直ちに第百二十五代天皇に即位。	皇太子明仁親王の即位に伴い、皇后に冊立される。
平成二（一九九〇）年	十一月十二日、即位礼正殿の儀が行われる。 十一月二十二日、二十三日、大嘗祭（大嘗宮の儀）が行われる。	
平成三（一九九一）年	二月二十三日、徳仁親王の立太子の礼が行われる。 七月十日、雲仙・普賢岳噴火の被災地をお見舞される。	

平成四（一九九二）年	十月二十三日から二十八日、天皇として史上初めて中国（中華人民共和国）をご訪問。
平成五（一九九三）年	四月二十三日から二十六日、天皇として初めて沖縄に行幸される。 八月六日から九日、ベルギー、ボードワン国王葬儀にご参列。
平成六（一九九四）年	二月十二日から十四日、硫黄島、父島、母島をご訪問。 六月十日から二十六日、アメリカ合衆国をご訪問。 十月二日から十四日、フランス、スペインをご訪問。
平成七（一九九五）年	**一月十七日、阪神・淡路大震災発生。** 一月三十一日、阪神・淡路大震災発生後の兵庫県神戸市などをお見舞いされる。
平成十（一九九八）年	二月七日、長野オリンピックの開会式にご出席。開催国の国家元首として開会宣言をした。
平成十一（一九九九）年	十一月十二日、御即位十年をお祝いする国民祭典が開催。
平成十二（二〇〇〇）年	五月二十三日から二十六日、オランダご訪問。 六月十六日、香淳皇后崩御。
平成十四（二〇〇二）年	九月二十八日から十月三日、スイスのバーゼルで開かれた「国際児童図書評議会創立五十周年記念大会」にご出席。
平成十五（二〇〇三）年	一月、前立腺がん摘出手術を受けられる。
平成十七（二〇〇五）年	六月二十七日、二十八日、サイパンご訪問。

平成二十一（二〇〇九）年	十一月十二日、政府主催の御在位二十年記念式典と民間主催の御即位二十年をお祝いする国民祭典が開催される。 十二月十五日、中国の習近平副主席（当時）と慣例を破った日程で会見。
平成二十三（二〇一一）年	**三月十一日、東日本大震災が発生。** 三月十六日、東日本大震災に関するビデオメッセージを公表される。 四月二十七日、五月六日、五月十一日、東北三県の被災地をご訪問。
平成二十四（二〇一二）年	二月十八日、心臓の冠動脈のバイパス手術を受けられる。 五月十六日から二十日、英国女王エリザベス二世御即位六十周年記念午餐会にご出席。
平成二十五（二〇一三）年	天皇皇后両陛下と保阪正康、半藤一利の懇談が開始される（平成二十八年六月まで六回）。
平成二十六（二〇一四）年	六月二十六日、二十七日、沖縄行幸啓。対馬丸記念館をご訪問される。 十二月、ベルギーのファビオラ元王妃の葬儀にご参列。
平成二十七（二〇一五）年	四月八日、九日、パラオご訪問。

平成二十八(二〇一六)年	一月二十六日から三十日、国交正常化六十周年を記念してフィリピンをご訪問。 八月八日、ビデオメッセージ「象徴としてのお務めについての天皇陛下のおことば」を公表され、生前退位のご意向を示される。	
平成二十九(二〇一七)年	六月九日、天皇の退位等に関する皇室典範特例法成立。六月十六日、公布。 十二月一日、皇室会議において、退位の日が平成三十一（二〇一九）年四月三十日と決定される。	
平成三十一 令和元(二〇一九)年	二月二十四日、政府主催の天皇陛下御在位三十年記念式典が開催される。 **四月一日、新元号が「令和」と発表される。** 四月十日、民間主催の天皇陛下御即位三十年奉祝感謝の集いが開催される。 四月三十日、退位の礼が挙行される。 五月一日、皇太子徳仁親王が第百二十六代天皇に即位。天皇明仁は光格天皇以来約二百年ぶりに上皇となる。	五月一日、天皇明仁の退位に伴い、上皇后となる。

保阪正康（ほさか・まさやす）

昭和史研究家。一九三九年、札幌市生まれ。同志社大学文学部卒。編集者時代の七二年、『死なう団事件』で作家デビューして以降、約五千人もの歴史の証人を取材し、一貫して日本の近現代史を検証し続けてきた。二〇〇四年、昭和史研究の第一人者として第五十二回菊池寛賞を受賞。『東條英機と天皇の時代』、『瀬島龍三　参謀の昭和史』、『昭和史　七つの謎』、『昭和陸軍の研究』、『あの戦争は何だったのか』など著書多数。最近著に『近代日本の地下水脈　Ｉ』。

平成《へいせい》の天皇《てんのう》皇后《こうごう》両陛下《りょうへいか》大《おお》いに語《かた》る

二〇二四年十一月十日　第一刷発行

著　者　保阪正康《ほさかまさやす》

発行者　大松芳男

発行所　株式会社　文藝春秋

〒102―8008 東京都千代田区紀尾井町三―二三

☎〇三―三二六五―一二一一（代表）

印刷所　理想社

付物印刷所　理想社

製本所　加藤製本

ISBN 978-4-16-391918-8